सफलता

जागृत तिर्की

ISBN 979-888521846-7

क्रम-सूची

क्रम-सूची

पावती (स्वीकृति)

दोस्तों मैं स्कूल में एवरेज स्टुडेंट था एण्ड मेरे ग्रुप में सबसे कम मार्क्स मेरे ही आते थे लेकिन मैं एक चीज में बहुत ही अच्छा था और वो है "डेली स्कूल जाना" | इसलिए मुझे 2017 में क्लास 7 में बेस्ट अटेंडेंस ऑफ द थे ईयर का अवार्ड भी मिला था | डेली स्कूल जाना मुझे बस एक चीज का ऑप्शन था और वो था "लर्निंग" हर वक्त मुझे कुछ न कुछ सीखना रहता था और इसके चक्कर में कभी मार्क्स पर ध्यान ही नहीं दिया , क्योंकि मैं जानता था ये रिजल्ट्स यानि ये कागज का टुकड़ा मेरे फ्यूचर डिसाइड नही कर सकता , मुझे ये सब बताने का मकसद , यह है कि आपके मार्क्स अच्छे है इसका मतलब ये नही की आप कामयाब हो जायेंगे और मार्क्स कम है तो इसका मतलब ये नहीं कि आप नाकामयाब हो जायेंगे | मैं फर्स्ट रैंक लाने वाले को दस हजार की नौकरी करते देखा है और स्कूल-कॉलेज में फेल हुऐ लोगों को लाखों रुपए कमाते देखा है So Trust Me आपके मार्क्स और सक्सेस का दूर-दूर तक कोई रिलेशन नही है |

मैं मानता हूं कि आपके स्कूल-कॉलेज मायने रहता है , लेकिन इतना भी नही की आपके फ्यूचर डिसाइड कर सके , क्योंकि सरकारी स्कूल से पढ़ने वाले आज कितने बच्चे आईएएस , आईपीएस और well establishment बिजनेस पर्सन है , याद रखना इनके स्कूल और कॉलेज सब कुछ होते तो आज यहां तक नहीं पहुंच पाते | तुम्हारी कामयाबी और नाकामयाबी में दोनों जगह तुम खुद रिस्पॉन्सिबल होते हो | नॉलेज के लिए और खुद की इंप्रूवमेंट के सिर्फ स्कूल-कॉलेज पर क्यों डिपेंडेंट रहते हो , जरूरी ये नहीं सिर्फ स्कूल-कॉलेज में सिखाया जाए उतना ही सीखना चाहिए | अपने स्कूल कॉलेज को कोसना बंद करो और अपने ऊपर काम करो |

मुझे दया आती हैं उन बच्चों पर जो रटा मारकर पढ़ते हैं , और एग्जाम में जाकर टॉप करते है , याद रखना ऐसे रटा मारकर कभी एक्स्ट्रा आर्डिनरी नहीं बन सकते , क्योंकि जो ये रटा मारकर मार्क्स

आते हैं , तो वो तुम्हारी काबिलियत कभी नहीं बताती , कामयाबी के लिए सिर्फ मेमोरी स्ट्रांग होना जरुरी नही है , जरूरत है इमेजिनेशन कि , प्रोब्लम सॉल्विंग वाली उस एटीट्यूड की , तुम्हारे अंदर उस क्रिएटिविटी की | याद रखना " Your Marks Are Temporary ,Your Skill Will Be Permanent ". याद रखना एक समय के बाद ये मार्क्स को कोई पूछेगा तक नहीं , यही सच है, और ये बात को तुम जितना जल्दी समझ लो तुम्हारे लिए बेहतर है | भाई अगर तुम में वह काबिलियत है तो कोई भी कामयाबी तुम से दूर रही नही सकती और ये काबिलियत तुम्हारे मार्क्स से नहीं आते |

"Distance Is More Important Than Speed". आपकी जिदंगी का मकसद जितना जल्दी सेट हो जायेगा आपके जीवन और आपके फ्यूचर के लिए बेहतर होगा , क्योंकि अगर आपको पता है आपको क्या करना है तो उसी के हिसाब से एक्शन लोगे और उसी के मुताबिक काम करोगे | क्योंकि कई सक्सेसफुल लोगों की स्टोरी उनकी बचपन से शुरू हुआ है | तो आज से अपना ध्यान स्किल को पहचाने और उसके ऊपर काम करने में लगाओ |

ये किताब आपको आपके अंदर के परफॉर्मर को पहचानने, आपके बिलीफ़ सिस्टम को बदलने, अपने हेल्थ पे कंट्रोल करने, प्रोडक्टिविटी को बेहतर बनाने के साथ और भी कई चीजों में आपको बेहतर बनाने में मदद करेगी। साथ ही आप खुद को पहले से बेहतर पायेंगे।

जागृत तिर्की

" मंज़िल इंसान के हौसले आज़माती है, सपनों के पर्दे आँखों से हटाती
है,
किसी भी बात से हिम्मत ना हारना; ठोकर ही इंसान को चलना
सिखाती है।"
जागृत तिर्की

....

" आत्मविश्वास, संघर्ष और दृढ़ता ही
जीवन की हर प्रतियोगिता जीतने का सूत्र है..!"
माता जी - चंद्रमणि तिर्की

....

" बारिश की बूँदें भले ही छोटी हों, लेकिन उनका लगातार बरसना
बड़ी नदियों का बहाव बन जाता है, वैसे ही हमारे छोटे छोटे प्रयास भी
जिंदगी में बड़ा परिवर्तन ला सकते हैं. ।"
पिता जी - जोसेफ़ तिर्की

....

कुछ करके नहीं क्या करके दिखाना है यह महत्व है

एक बच्चा घर से गुस्से होकर निकल गया और पास के रेलवे स्टेशन में चला गया और उसने टिकट काउंटर में जाकर बोला की हमे टिकट दे दो , काउंटर पर बैठे व्यक्ति ने कहा, कहां कि टिकट चाइए , बच्चा बोला हमे टिकट दे दो, काउंटर पर बैठा व्यक्ति बोला कहा कि टिकट दू। बच्चा गुस्से से बोला कि बस हमे टिकट दे दो काउंटर पर बैठा बैकेती भी गुस्से से गार्ड को बुलाया और बोला कि यहां से इसे निकलो । बच्चा गुस्से में था और देका कि टिकट लेकर सभी लोग प्लेटफॉर्म की तरफ जा रहे थे तो बच्चा भी प्लेटफॉर्म में जाकर खड़ा हो गया और ट्रेन का इंतजार करने लगा । बच्चा को मालूम ही नहीं है कि जाना कहा है ।

इसी बीच एक ट्रेन आ गई सभी लोग प्लेटफॉर्म से ट्रेन में चड़ने लगे इसी बीच बच्चा भी प्लेटफॉर्म से ट्रेन में चड़ गया । पाच छे घंटा के बाद उसको बोर लगने लगा । तभी उसने देखा कि बहुत सारे लोग ट्रेन से किसी प्लेटफॉर्म पर उतर रहे है। बच्चा भी उतरने को सोचा और वो भी एक प्लेटफॉर्म में ट्रेन से उतर गया । अब आप लोग ही बताओ कि वह बच्चा आब कहा जाएगा जिसको कुछ पता ही नहीं है।

Moral concept :- इस कहानी को बताने का मतलब यही कहा है कि कहा जाना है, क्या आप लोग भी इस बच्चा की तरह किसी भी ट्रेन में सफर कर रहे है । बहुत लोगों को आप बोलते हुए सुनेंगे की कुछ तो जरूर करेंगे , लेकिन क्या करेंगे पता ही नही है। इसलिए , कुछ करके नहीं क्या करके दिखाना है यह महत्व है ।

"Know your Destination First , Make your Path For Yourself."

- जागृत तिर्की

किताब के बारे में

आज तक आपने जितनी भी किताबें पढ़ी होंगी उनमें से ये किताब सबसे ज्यादा पावरफुल और अलग है। इस किताब को पढ़ने के बाद आपको अपनी जिंदगी को बेहतर बनाने के लिए और जीने के लिए आपको यहाँ वहां भटकने की जरूरत नहीं पड़ेगी।

ये किताब एक मास्टरपीस की तरह है जिसमें आपकी बेहतरीन जिंदगी के लिए 30 फैक्टर्स दिए हुए हैं, साथ ही उन फैक्टर्स के बारे में अच्छी तरह से बताया और समझाया गया है। इस किताब में लेखक ने ऐसी बातें बताई और समझाई हैं जो आपकी जिंदगी में एक गेम चेंजर साबित होंगी।

किताब में दिए गए सभी सफलता सिद्धांतों में वो ताकत है जो आपकी जिंदगी को बदलने का दम रखते हैं। ये किताब आपकी जिंदगी को उस दिशा में ले जाएगी जिस दिशा में आप ले जाना चाहते हैं और आपको जो चाहिए वो हासिल करने में और आपको सफलता की उंचाईयों तक पहुंचाने में मदद करेगी।

जैसे जैसे इस किताब में दी गयी बातों को पढ़कर और सीखकर आप अपने जीवन में उतारते जायेंगें, वैसे वैसे आपको लगेगा कि आप अपनी जिंदगी में आगे बढ़ रहे हैं और उन्नति कर रहे हैं।

ये किताब आपको आपके अंदर के परफ़ॉर्मर को पहचानने, आपके बिलीफ़ सिस्टम को बदलने, अपने हेल्थ पे कंट्रोल करने, प्रोडक्टिविटी को बेहतर बनाने के साथ और भी कई चीजों में आपको बेहतर बनाने में मदद करेगी। साथ ही आप खुद को पहले से बेहतर पायेंगें।

"Any Content That Contributes To Your Goal Statements Accept It , Any Content That Doesn't Contributes To Your Goal Statements Reject It".

1

क्या आप जीवन में अपना लक्ष्य जानते हैं

ये कहानी है एक ऐसे व्यक्ति की जो ट्रैन से सफर किया करते थे। अपने दफ़्दर से आते थे और जाते थे और ट्रैन की सफर से कुछ न कुछ सीखते थे और घर जा कर के dairy में लिखते थे की आज मैंने ट्रैन की सफर में ये सीखा रोजाना का ये उनका रूटीन था।

एक दिन वो अपने ऑफिस के लिए निखले ट्रैन में जा कर के बैठे ट्रैन रवाना हुए उनके ठीक सामने वाली सीट पे एक फॅमिली बैठी हुई थी बच्चे खिल खिला रहे थे बाते वाते चल रही थी, तभी वहा से एक पानी बेचने वाला लड़का निकला पानी बेचते हुए लड़का निकल रहा था ज़ोर ज़ोर से आवाजे दे रहा था इनके सामने वाली सीट पे जो फॅमिली बैठी हुई थी उसमे एक भाई साहब थे उन्हों पूछा बेटा पानी की बॉटल कितने की दी तो उस लड़के ने बोला भैया 20 rs की बोतल है तो इन्होने बोला की ये 15 की बोतल दो ये 20 rs में क्या बेच रहे हो 15rs में दो।

तो बताओ वो जो पानी बेच रहा था लड़का वो सिर्फ मुस्कुराया कुछ नहीं बोला चुप चाप आगे बढ़ गया ये जो भाई साहब सामने की सीट पे बैठे हुए थे जो की रोजाना लिखते थे की आज क्या सीखा इनको लगा

अंदर से जिज्ञासा हुई भाई क्या मतब आज सीखा है ? ये फटा फट उस लड़के के पीछे गए की ये आज मुझे ये कुछ बढ़िया सा सिख दे देगा की क्या करना चाहिए लाइफ में मुस्कुरा के कैसे चलागया ज़िद बहस नहीं की।

वो उस लड़के के पीछे पीछे निकल लिए वो लड़का इस कोच से दूसरे कोच आगे बढ़ चूका था पानी बेचते बेचते उसे जा कर के रोका और पूछा भाई एक बात बताओ मैं तुमसे कुछ पूछना चाह रहा हु तुम अभी मेरे कोच में थे वहा पे एक फॅमिली थी । याद आया ये बाँदा तुमसे बोल रहा था की 15 की बोतल दो 20 की क्यों दे रहे हो तुमने कुछ नहीं बोला उसे तुम चुप चाप आगे बढ़ गए मतलब ऐसा क्यों तुम्हे गुसा नहीं आया की कहा 2–5 रूपये के लिए ज़िद कर रहा है ।

एक गरीब आदमी से तुम कुछ तो बोलते फिर उस लड़के ने कहा वो जो भाई साहब बैठे हुए थे । उनको पानी पीना ही नहीं था उनको प्यास ही नहीं लगी थी तो ये जो बांदा था जो रोज लिखता था उसने पूछा अरे तुम्हे कैसे पता चल गया की उनको प्यास नहीं लगी थी । तुम क्या अंतर यामी हो तुम्हे पता चल गया की उन्हें पानी नहीं पीनी है हो सकता है की उनको प्यास लगी हो, तो फिर से लड़के ने बोला उन्हें प्यास नहीं लगी है जिसको प्यास लगी रहती है वो पहले पानी की बोतल लेता है उसको पिता है उसके बाद में दाम पूछता है और पैसे दे देता है वो फालतू की ज़िद बहस नहीं करता है । उस लड़के ने जब ये जवाब दिया तो उन्होंने उसे सुना और घर जा कर के dairy में बहुत कुछ लिख डाला इन्होने लिखा ज़िन्दगी में अगर हमने गोल बना लिया है अगर हमारे माइंड में बात फिक्स है , तो हम फालतू के वाद विवाद में नहीं पड़ेंगे लेकिन हमारा गोल फिक्स नहीं है अगर हमें पता ही नहीं है की हमें क्या करना है । तो हम बहुत साडी कमिया उस गोल में ज़िन्दगी के गाल में भी निकालते रहेंगे और बस इसी चाकर में टाइम खत्म कर देंगे।

खास कर के जो भी स्टूडेंट्स इस कहानी को बढ़ रहें है । मैं उनको बोलना चाहता हु कीअपने गोल को फिक्स कीजिये क्यों की अगर आपके माइंड में फिक्स नहीं होगा की आपको क्या करना है । तो आप वो तीन चार ऑप्शंस में उलझ कर के रह जाएंगे साल पर साल निकलते चले

जाएंगे और उसके बाद में आपको महसूस होगा की क्या टाइम तो तब था । तब तो कुछ क्या ही नहीं लाइफ में अपने गोल को फिक्स कीजिये और फिर वाद विवाद में परने वाली बात आएगी ही नहीं।

2

नए सपने कैसे देखे

ये कहानी आपको सिखाएगी अगर जिंदगी में आप का भी कभी सपना टुटा है तो वापसी कैसे करनी है जिंदगी में नया सपना कैसे देखना है उसको पूरा कैसे करना है। स्पेन का एक 10 साल का लड़का जिसका ये सपना था की वो फुटबॉलर बना चाहता था उसने अपने पेरेंट्स को जाकर के बताया की पापा देखना एक दिन मैं स्पेन का नंबर वन फुटबॉलर बनूँगा नंबर वन गोआल कीपर बनूंगा क्यों की उसे गोआल कीपिंग बहुत पसंद थी।

उसने अपने पेरेंट्स को बताया पेरेंट्स ने उस पे भरोसा किया उसके मम्मी पापा ने उसके लिए कोचिंग लगवा दी वो फुटबॉल के मैदान में जाने लगा कोच साहब से मिलने लगा कोच को बोलने लगा देखना एक दिन मैं स्पेन का बहुत बड़ा फुटबॉलर बनूँगा । जो हमरे यहाँ का बहुत बारे क्लब है real madrid वहा से गोआल कीपिंग करूँगा तो कोच ने देखा की उसका जो स्ट्रूडेंट खेलने के लिए आया है सिखने के लिए आया है उसके आँखों में चमक है उसका सपना है कोच ने भी पूरी शिदत के साथ । उसको सिखाया उसको तैयार किया वो 10 साल का लड़का कब 20 साल का हो गया मालूम नहीं चला और इन 10 सालो में इसने कमाल की परफॉर्मेंस दी कमाल की गेम्स खेलें एक ऐसा दिन आने वाला था की उसे real madrid वाले उसे अपने में शामिल करने वाले थे ।

लेकिन उस दिन के आने से पहले ही एक वो शाम में अपने दोस्तों के साथ में घूम रहा था कार में था तभी उसकी कार का एक्सीडेंट हो गया इतना भयानक हादसा हुआ की लड़का हॉस्पिटल पहुंच गया और फिर डॉक्टर ने इसके पेरेंट्स को बताया की आपके बच्चे के कमर के निचे के हिसे को पैरालिसिस हो चूका है । लकवा मार गया है और आप का बच्चा अब कभी भी चल नहीं पाएगा फिर नहीं पाएगा फुटबॉल खेलना तो बहुत दूर की बात है। इस बच्चे के पेरेंट्स के आखों में आँशु थे इन्हे समझ में नहीं आरहा था की उनके बच्चे का इतना बड़ा सपा टूट गया था।

उन्हों ने जा कर के अपने बच्चे से बात की उसे समझाया की बेटा अब आपके आने वाली जिंदगी बड़ी मुश्किल होने वाली है। इस लड़के के जब मालूम चला तो ये हिल चूका था इसके लिए इसके सारे सपने टूट गए थे उदास था मायूस था । समझ नहीं पा रहा था की क्या होगा आगे 18 महीने तक ये लड़का हॉस्पिटल तक था आप सोचिये की जो 18 महीने हॉस्पिटल में रहेगा तो उसके दिमाग में क्या क्या चलता रहेगा कितने सारे नकारात्मक विचार आएँगे इसके साथ भी यही हो रहा था । लेकिन इसने हर नहीं मानी इसे लग रहा था की इसे लाइफ में सकारात्मक विचार के साथ वापसी करनी है तो इस लड़के ने जो उसको खली समय इसे हॉस्पिटल में मिला था उसका सही उपयोग करना शुर किया।

गाने लिखना शुरू किया कविताएं लिखना शुरू किया इसे लिखने का शोख था लिखता चला गया धुन बनता चला गया उन्हें गुण गुनाने लगा इसका जो दिमाग था । वो फुटबॉल से हट कर के म्यूजिक की तरफ आने लगा इसे लगने लगा की इसे अब म्यूजिक में कुछ करना है आप सोचिये वो लड़का जो अभी हॉस्पिटल में है वो अब नया सपना देख रहा है आपको यकीन नहीं होगा 5 साल के बाद में इसका एक गाना आता है जो की पॉपुलर हो जाता है । वो गाना है लाइफ गोज ऑन दी सेम और ये लड़का स्पेन का बहुत पॉपुलर सिंगर बन जाता है इनका नाम है जुलिवैलेसिअस इनकी सच्ची कहानी मैं आपके साथ शेयर की है ।

इनकी अब तक 30 करोड़ से ज्यादा एल्बम बिक चुके है कई भाषाओं में गाने गए हैं और ये हमें बताते है की अगर लाइफ में एक सपना टूट जाता है , तो जुलिवैलेसिअस से सीखिए नया सपना देखना शुरू कीजिये

और उस नए सपने के लिए मेहनत करना शुरू कीजिये।

3

उचित एवं शीघ्र निर्णय

"कार्य करना मुश्किल नहीं है, लेकिन क्या करना है, इसका निर्णय करना निश्चित ही मुश्किल है।"

जीवन के हर क्षेत्र में या किसी भी व्यवसाय में, आपको निर्णय लेने पड़ते हैं। आपके द्वारा लिए गए निर्णय, आपकी सफलता और असफलता में महत्त्वपूर्ण भूमिका निभाते हैं। सही एवं उचित निर्णय हमें सफलता की ओर ले जाते हैं, जबकि गलत निर्णय हमें सफलता से दूर कर देते हैं। उचित निर्णय लेने के लिए, काफी सोच-विचार की आवश्यकता होती है। परिस्थितियों की जानकारी, साधनों की उपलब्धता, आकस्मिक घटनाओं की सम्भावना इत्यादि कई तथ्यों का विश्लेषण, इन पर बहुत सोच-विचार करने से आप सही निर्णय पर पहुँच सकते हैं।

देखा गया कि यह गलत निर्णयों के लिए जल्दबाजी, परिस्थितियों की जानकारी का अभाव एवं मानसिक दबाव जिम्मेदार होते हैं। गलत प्राथमिकताएँ तय करने से भी निर्णय गलत हो जाते हैं।

उचित निर्णय कभी भी आकस्मिक नहीं होता है। यह गम्भीर सोच, दूरगामी प्रभाव एवं कुशल नेतृत्व में दीर्घ अनुभव के आधार पर लिया जाता है। आपके द्वारा लिया गया निर्णय, आपके लक्ष्य के अनुरूप होना

चाहिए। आप अपने लक्ष्य के प्रति जितने स्पष्ट होंगे, आपके द्वारा लिए गए निर्णय उतने ही सटीक एवं उचित होंगे। कहते हैं

ध्यान रखें, जब तक आप निर्णय नहीं लेंगे, कुछ नहीं होगा। कई बार बहुत छोटे-छोटे निर्णय लेने में व्यक्ति काफी समय लगा देते हैं। वे बहुत दुविधा में होते हैं, अनेक अनावश्यक तत्व इन्हें परेशान करते हैं। उनके पास जानकारी का अभाव एवं, साहस की कमी होती है। उनमें जोखिम उठाने की क्षमता नहीं होती। अतः वे छोटे-छोटे निर्णय लेने में भी स्वयं को असक्षम पाते हैं। वे किसी की राय की आकांक्षा रखते हैं, जिससे असफल होने पर वे उसे जिम्मेदार ठहरा सकें।

अनिर्णायक होने का अर्थ, देरी करना है। अनिर्णायक होने की अपेक्षा निर्णय में गलती करना अधिक उचित है। गलती सुधारी जा सकती है, लेकिन जब आप कुछ निर्णय ही नहीं लेंगे, तो निष्क्रियता आपको समाप्त कर देगी। उचित एवं शीघ्र निर्णय आपको सफलता के नजदीक ले जाता है। अतः निर्णय लेने हेतु स्वयं को तैयार करें।

4

सुबह जल्दी कैसे उठे ?

सूबह जल्दी कैसे उठें? यह सवाल सुनने में जितना मुश्किल है। करने में उतना ही आसान है। यह सवाल सिर्फ लोगों को गुमराह करने के लिए है। किसी भी काम को नकारात्मक तरीके से सोच कर उसे और ज्यादा मुश्किल बना देते हैं। अगर आप ठान लें तो कोई भी काम आपके लिए कठिन नहीं।

बस एक बार इस पर विचार करने की आवश्यकता है और उसे पूरा करने की देरी है। आप सुबह जल्दी उठने के बारे में सोच रहें हैं। यह बहुत अच्छी बात है। उठने का समय निश्चित करिए। और इसे करने के लिए उत्साहित रहिए। आप जरूर अपने तय किये हुए समय पर उठ जाएंगे।

सुबहजल्दीकैसेउठें? अपने आसपास आप देखते होंगे कि कुछ लोग अपने जीवन में बहुत ज्यादा खुश, ज्यादा स्वस्थ और ज्यादा प्रोडक्टिव होते हैं। वे अपने दिन भर के जरूरी कार्यों को जल्दी ही पूरा कर लेते हैं और दिन के बाकी समय का पर्याप्त आनंद लेते हैं।

जबकि अन्य लोग ज्यादा मेहनत करने के बावजूद काम को नहीं खत्म कर पाते और हमेशा चिंता में डूबे रहते हैं। इस तरह के लोगों में और ऐसे ही दुनिया के लगभग 95 प्रतिशत सफल लोगों में कुछ आदतें बहुत ही सामान्य होती हैं। उनमें से एक है सुबहजल्दीउठनेकीआदत।

ऐसे लोग हमेशासुबहजल्दीउठतेहैं, और अपने दिन के सभी जरूरी कार्यो को पूरा कर लेते हैं।

हम सुबह जल्दी क्यों उठें ?

पूरे दिन में सुबह का समय सबसे खूबसूरत और बेहतरीन समय होता है। अगर आप सुबह जल्दी उठते हैं तो आपके पास सबसे ज्यादा इच्छशक्ति)Willpower) होती है।सुबहकेवक्तआपकीएकाग्रताऔरशारीरिकऊर्जासबसेज्यादा होती है। अगर आप इस समय का सही उपयोग करते हैं तो आपके पास सबसे अच्छा शारीरिक स्वास्थ्य, एक अच्छा माइंडसेट और बेहतर प्रदर्शन करने की इच्छाशक्ति होती है। लेकिन देर से उठने की वजह से हम सुबह जल्दी उठने से मिलने वाले सभी फायदों से वंचित रह जाते हैं। साथ ही अपनी प्रोडक्टिविटी, फोकस और दिन के समय को भी कम कर लेते हैं। सुबह का सुहाना समय प्रकृति ने हमें अनमोल तोहफे के रूप में दिया है। इस तोहफे को आप गवानां नहीं चाहेंगे।

यदि आप चाहते हैं कि आप प्रतिदिन सुबह जल्दी उठ पाएं और यह आपके अंदर एक आदत के रूप में विकसित हो जाये जिससे आप प्रतिदिन बिना किसी मसक्कत के स्वतः ही समय पर उठ पाएं। तो आज का यह लेख इसी विषय को लेकर है। इस लेख में आप जानेंगे किप्रतिदिन सुबह जल्दी कैसे उठें।और इसे एक आदत के रूप में विकसित कर पाएं।

1. बिना अलार्म के सुबह जल्दी कैसे उठें ?

सुबह जल्दी उठने के सवाल पर अक्सर लोग सोचते हैं कि हम जल्दी उठकर क्या करेंगे। अगर आप सुबह जल्दी उठकर अपना समय सोशल मीडिया पर या यूट्यूब पर कॉमेडी वीडियो या मूवी देखते हुए बिताते हैं तो जल्दी उठने का कोई फायदा नहीं।

यह न ही आपकी प्रोडक्टिविटी बढ़ाएगा और न ही आपको सफल बनाएगा। इसलिए जरूरी है कि हमारे पास कोई ऐसी वजह हो जिसके लिए हम उठ पाएं। क्योंकि एक मजबूत इच्छाशक्ति ही हमें किसी भी काम को करने के लिए प्रेरित करती है।

आप अपने दिन के सबसे महत्वपूर्ण कार्य को सुबह करने का समय निश्चित कर सकते है। आप किसी ऐसी स्किल को सीखने का समय सेट कर सकते हैं जो भविष्य में आपकी जॉब में या बिजनेस में काम आ सके। एक मजबूत वजह आपको सकारात्मक दबाव (Positive Pressure) देता है।

आपको सुबह जल्दी उठने के लिए मोटिवेट करता है। अपने उस Why को खोज निकालिए जो आपको हर दिन सुबह जल्दी उठने के लिए प्रेरित करे।

2. प्रतिदिन सुबह उठने का समय निश्चित करें।

अक्सर कहा जाता है कि सुबह जल्दी उठने के लिए जल्दी सोना भी चाहिए। लेकिन आदत बनाने के लिए यह उतना महत्वपूर्ण नहीं है, जितना कि एक समय पर उठना। हमारे नींद लेने का समय एक-दो घंटे कम या ज्यादा हो सकता है क्योंकि आप प्रतिदिन एक बराबर थके नहीं होते इस कारण कभी-कभी नींद देर से आती है।

कम थकान होने पर कुछ कम नींद लेने पर भी शरीर को पर्याप्त आराम मिल जाता है। इसलिए रात में सोने के लिए बिस्तर पर उस समय जाए जब आपको नींद आ रही हो। लेकिन उठने का समय हमेशा एक ही रखें।

3. दिन में कभी न सोएं।

दिन में सो लेने से शरीर को आराम मिल जाता है जो आपके रात की नींद को डिस्टर्ब करता है। ऐसा करने से आपको रात में समय पर नींद नहीं आती जिसके कारण आप देर से सोते हैं। और अब आगे क्या होगा

शायद आप जान चुके होंगे। जी हां, आप सही सोच रहे हैं, सुबह आंखे देर से खुलेगी।

अगर आप सुबह उठने की आदत बना रहे हैं तो आपको अपने दिन के पावर नैप से समझौता करना ही पड़ेगा। इससे आपको फायदा यह मिलेगा की रात में नींद जल्दी आ जायेगी। आप समय पर सो जाएंगे, जिससे आप अगली सुबह अपने निर्धारित समय पर उठ पाएंगे।

यह प्रक्रिया कुछ दिन दोहराने के बाद आपकी बॉडी क्लॉक नियमित हो जाएगी और आपको समय पर नींद भी आएगी और जल्दी उठ भी पाएंगे।

4. आदत बनाने के लिए निरंतरता बनाये रखें।

किसी भी नई आदत को विकसित करने के लिए हमें उस प्रक्रिया को बार बार दोहराने की आवश्यकता होती है। आदत के विषय में बहुत से मत हैं कुछ लोग 21 दिन की बात बताते हैं, कुछ लोग 40 दिन की।

लेकिन यूनिवर्सिटी ऑफ लंदन के रिसर्चर बताते हैं कि किसी भी नई आदत को पूर्ण रूप से विकसित करने में कुल 66 दिन का समय लगता है।

• अगर आप किसी चीज को लगातार 66 दिन तक अभ्यास करते हैं तो यह एक एक आदत के रूप में विकसित हो जाती है क्योंकि मस्तिष्क प्रक्रिया को दोहराने पर उसे याद करने के लिए नए न्यूरल पाथ बनाता है। जिसे हम आदत के रूप में जानते हैं।

• अगर आप चाहते हैं कि आप हर दिन बिना किसी मुश्किल के सुबह जल्दी उठ सकें तो अपनी सभी मुश्किलों और आलस को छोड़कर प्रतिदिन एक निश्चित समय पर उठें।

• अगर आप सुबह 5 बजे की आदत बना रहे हैं तो 5 बजे ही उठें न कि 05:10, 05:20 या 05:25 पर। अगर आप बार-बार अलार्म का स्नूज बटन दबाते हैं तो आपकी नींद डिस्टर्ब होती है और इसके गुणवत्ता व पैटर्न में बदलाव आ जाता है और उठने के बाद आप लेजीनेस महसूस करेंगे।

5. अगले दिन की प्लानिंग रात में सोने से पहले कर लें।

रात में सोने से पहले अपने अगले दिन की प्लानिंग कर लेने से आपको अपने दिन की दिशा मिल जाती है। अगर आपको अगले दिन के कार्य पहले से पता नहीं हैं तो पिछले दिन के बाकी कार्यों को भी To Do List में शामिल कर लें। अपने सबसे जरूरी कार्यों को सुबह का समय दें उन्हें पूरा करने के लिए।

इससे फायदा यह होगा कि आप उसे जल्दी पूरा करने के लिए जरूर उठेंगे। दिन की प्लानिंग के साथ ही अपने सुबह के 2 से 3 घंटे के समय की प्लानिंग जरूर करें कि आप सुबह उठ कर सबसे पहले क्या करेंगे।

यह उसी तरह काम करता है। जैसे आपको किसी जरूरी काम से बाहर जाना है। किसी अच्छी जगह घूमने जाना है या किसी काम के बारे में आप जितने बजे उठने के लिए सोच कर रात में सोते हैं तो आपकी नींद ठीक उसी टाइम टूट जाती है।

इसलिए अपने सुबह को सही से प्लान करें। जल्दी उठने के लिए उत्साहित रहें आपकी नींद आपके सोचे हुए टाइम पर जरूर खुलेगी। और आप एक अच्छे दिन की शुरुआत कर पाएंगे।

6. एक स्वस्थ मॉर्निंग रिचुअल अपनाएं।

एक अच्छी सुबह की दिनचर्या आपको हर दिन सुबह जल्दी उठने के लिए प्रेरित करती है। साथ ही आपके समय का सही उपयोग करने में सहायक होती है। इसके लिए आप दिन के पहले घंटे को 20 मिनट के तीन भाग में बांट कर तीन अलग-अलग काम कर सकते हैं। जैसे पहले 20 मिनट व्यायाम के लिए।

दूसरे 20 मिनट में आप मेडिटेशन कर सकते हैं और अपने दिन को प्लान कर सकते हैं। और अंत के 20 मिनट में आप कुछ नया पढ़ने के लिए रख सकते हैं। जैसे कोई सेल्फ-हेल्प या मोटिवेशनल किताब या फिर ऑडियोबुक सुन सकते हैं। इस तरह से आप हर दिन एक अच्छी

सुबह की शुरुआत कर सकते हैं।

7. रखें इन बातों का ध्यान

सुबह जल्दी उठने के लिए कुछ बातों का विशेष ध्यान रखना चाहिए अन्यथा आपके दोबारा से सोने का चांस हो सकता है।

• पर्याप्त नींद लेने के लिए रात में जल्दी सोये। अगर आप रात में ज्यादा देर तक काम करते रहेंगे या देर से सोएंगे तो आपकी नींद पूरी नहीं होगी और आप सुबह समय पर उठ नहीं पाएंगे।

• ब्लू लाइट से दूरी बनाएं। रात में सोने से लगभग 1 से 1:30 घन्टे पहले फोन और टीवी को बंद कर दें। साथ ही रूम की रोशनी भी कम कर दें। इससे आपको नींद जल्दी आएगी।

• अलार्म बजने पर स्नूज बटन न दबाएं। और इसे अपने बेड से कुछ दूरी पर रखें। इससे बंद करने के लिए आपको उठना पड़ेगा और आप जाग जायेंगे।

• सुबह उठने के बाद सबसे पहले रूम की लाइट जलाएं और खिड़की और दरवाजे खोल दें। इससे बाहर की रोशनी आएगी जो प्राकृतिक रूप से जागने में मदद करेगी। इससे बॉडी क्लॉक के नियमित होने में भी मदद मिलती है।

• उठने के तुरंत बाद अपने बिस्तर को मोड़कर रख दें। यह आपको दोबारा बिस्तर पर जाने से रोकने में सहायक होगा।

• पानी पिएं। पानी पीने से आप फ्रेस और एक्टिव हो जाते हैं और यह आपको पूरी तरह जगाने में मदद करता है।

5

सुबह उठकर कभी न करें ये काम

एक अच्छी सुबह हमारे पूरे दिन को अच्छा बनाने में सहायक होता है। कहते हैं कि यदि शुरुआत अच्छी हो तो अंत भी हमेशा अच्छा ही होता है। परंतु यदि दिन के शुरुआत ही ठीक न हो तो पूरा दिन आलसपूर्ण व नीरस हो जाता है। इसका मुख्य कारण हैं हमारी सुबह की आदतें, जी हां, सुबह में की गई वह गलतियां जिससे आपका पूरा दिन खराब हो जाता है। आजकल की व्यस्त जीवनशैली में लोग जाने-अनजाने में कुछ ऐसी आदतों से जुड़ गए हैं, जो उन्हें न चाहकर भी तनाव और आलस से ग्रसित कर देती हैं। इससे आपके मूड के साथ-साथ आपकी प्रोडक्टिविटी भी प्रभावित होती है।

1. बार बार स्नूज़ बटन दबाना।

"थोड़ी देर और सो लूं, फिर उठता हूँ।" सुबह अलार्म बजने पर यह कहना बहुत अच्छा लगता है। कुछ देर की नींद के लालच में लोग बार-बार अलार्म का स्नूज़ बटन दबाते हैं।

लेकिन क्या आप जानते हैं कि आपकी यह आदत आपके आराम की प्रक्रिया को प्रभावित करती है और आपकी सुबह भी थकान भरी हो जाता

है। आप कितनी देर की नींद चाहते हैं, सोने से पहले ही सुनिश्चित कर लें। और अलार्म बजते ही बिस्तर से उठ जाएं। क्योंकि जब आप बार-बार स्नूज बटन दबाते हैं तो यह आदत आपको शिथिलता की ओर ले जाती है। आप जो हासिल करना चाहते हैं उससे ध्यान भटकना एवं एक आलसपूर्ण आदत का बनना बहुत आसान हो जाता है।

2. सोशल मीडिया एवं ईमेल की जांच करना

सुबह उठकर सबसे पहले फ़ोन चेक करना आजकल के लोगों की सबसे सामान्य आदतों में से एक है। एक सर्वे के अनुसार हममें से लगभग 61% लोग सुबह उठने के 5 मिनट के भीतर ही अपना फोन चेक करते हैं।

कुछ मिनट से शुरुआत होती है और घंटे कब बीत जाते हैं पता ही नहीं चलता। यही कारण है कि आजकल लोगों को उनके स्वभाव में परिवर्तन, चिड़चिड़ापन, तनाव व एकाग्रता में कमीं के साथ ही डिप्रेशन या एंग्जायटी जैसी समस्या का सामना करना पड़ रहा है।

सुबह उठने के ठीक बाद और सोने से ठीक पूर्व का समय व्यक्ति के लिए दिन का सबसे महत्वपूर्ण समय माना जाता है। यह समय खुद को शांत रखने और दिन के लिए स्वयं को तैयार करने का होता है।

जबकि लोग शुरुआत ही तनाव से करते हैं और पूरे दिन इसी का अनुभव करते हैं। जो अन्य स्वास्थ्य समस्याओं के साथ ही उनकी प्रोडक्टिविटी को भी प्रभावित करती है।

3. टेलीविजन देखना।

मोबाइल फोन की तरह ही सुबह टीवी देखने की आदत भी आपके लिए अनुचित है। दुनिया भर की घटनाओं व नए अपडेट्स के लिए लोग सुबह से ही टीवी देखना प्रारंभ कर देते हैं।

परंतु उनकी यह आदत उनके सोच-विचार करने की क्षमता व मूड को प्रभावित कर रही है। अधिकतर खबरें दुनिया भर की नकारात्मक

कहानियों से भरी होती हैं, जो आपके तनाव को बढ़ाती हैं और आपके मूड को भी विचलित करती हैं।

सुबह टीवी देखने के बजाय इस समय का उपयोग खुद के साथ बिताने, व्यायाम, ध्यान व नयी चीजें सीखने में लगाएं। इससे आपके दिन की अच्छी शुरुआत करने में मदद मिलेगी और आप नकारात्मक और विचलित करने वाले विचारों से भी दूर रहेंगे।

4. गर्म पानी से नहाना यानी हॉट शॉवर लेना

गर्म पानी एवं ठंडे पानी से नहाना, इन दोनों के अपने अलग फायदे हैं। लेकिन सुबह के समय हॉट शॉवर लेना फायदेमंद नहीं होता, क्योंकि हॉट शॉवर को अक्सर आराम के साथ जोड़ कर देखा जाता है। इससे तनाव से राहत मिलती है, मांसपेशियों को आराम पहुंचाने और जोड़ो के दर्द से राहत के लिए भी गर्म पानी से स्नान करना अच्छा होता है। सोने से एक घंटे पहले हॉट शॉवर लेने से नींद भी अच्छी आती है। परन्तु सुबह में हमें मानसिक सतर्कता की आवश्यकता होती है। इसलिए सुबह के वक्त गर्म पानी से न नहायें।

नींद से जागने के बाद ठंढे पानी से नहाना आपको एक्टिव रखने में मदद करता है एवं आलस को भी कम करता है। साथ ही कोल्ड शॉवर बालों को मजबूत करने और त्वचा को डैमेज होने से बचाता है। इसलिए सुबह हमेशा सामान्य तापमान वाले पानी से स्नान करना चाहिए।

5. ब्रेकफास्ट को अवॉइड करना।

7 से 8 घंटे की लंबी नींद के बाद शरीर को पोषण व पानी की आवश्यकता होती है। यह सबसे कॉमन चीज है जिसे लोग अवॉइड कर देते हैं। सुबह उठने के बाद एक या दो गिलास हल्का गर्म पानी अवश्य पियें। क्योंकि यह आपके शरीर की जरूरत है।

यदि आप सुबह सादा पानी पीना पसंद नहीं करते तो उसमें नीबू का रस मिला कर पीना भी बहुत अधिक लाभदायक होता है। इसके अलावा

सुबह के नाश्ते को कभी न भूलें। सुबह का नाश्ता आपको अनहेल्थी चीजे खाने व ओवरईटिंग से बचाता है।

दिनभर एनर्जी व पोषण प्राप्त करने के लिए नाश्ते में पौष्टिक चीजों को शामिल करना चाहिए। आप किसी भी उम्र के हैं, आपको सुबह का नाश्ता कभी नहीं छोड़ना चाहिए ।

6

सुबह जल्दी उठने के फायदे

आजकल की भागदौड़ भरी जिंदगी में हम खुद के लिए बिल्कुल भी समय नही निकाल पाते। खुद को अच्छी तरह जानने और समझने के लिए सुबह जल्दी उठना बहुत आवश्यक हो जाता हैं। सुबह उठना इतना महत्वपूर्ण क्यों हैं। क्यों इतना जोर दिया जाता हैं सुबह जल्दी उठने के लिए, क्या हैंसुबह जल्दी उठने के फायदे। आइए जानते हैं।

सुबह जल्दी उठने के फायदे

सुबह उठने का लक्ष्य तो हर कोई बनाता हैं। कोशिश भी करते हैं सुबह जल्दी उठने की, लेकिन सुबह की प्यारी नींद और थोड़ी सी आलस की वजह से सब कुछ बेकार हो जाता हैं। और हम फिर से अपने उसी रास्ते पर चल पड़ते हैं। लेकिन क्या आप जानते हैं कि अगर आप सुबह जल्दी उठते हैं तो आप सुबह जल्दी उठने वाले Top 1% लोगों में से एक हैं। क्योंकि लगभग 99 % लोग अपने इस लक्ष्य को कभी पूरा ही नहीं कर पाते हैं।

1. सुबह जल्दी उठने से मिलता है शांति पूर्ण माहौल।

अगर आप सुबह जल्दी उठ गये तो आपको डिस्टर्व करने वाला कोई भी नहीं होता। यहां तक कि आपके परिवार के सदस्य भी सोये रहते हैं। सुबह का समय खुद के साथ समय बिताने का सबसे अच्छा समय है। इस समय हम खुद से यह विचार कर सकते हैं कि हम अपने जीवन में क्या कर रहे हैं।

क्या हम किसी ऐसे कार्य में अपना समय व्यतीत कर रहे है जो अनुपयोगी है। जिसके लिए हमें बाद में पछतावा हो। यह समय अपनी कमियों और अच्छाईयों को जानने और खुद को समझने के लिए सबसे अच्छा होता है।

2. नई Strategy और प्लान बनाने का पर्याप्त समय।

दिन भर के कार्यों की वजह से शाम तक हमारी ऊर्जा कम हो जाती है और हम थक जाते हैं। परिवार व दोस्तों के साथ वक्त बिताना, टीवी, सोशल मीडिया, और अंत में सोना, इन सब में ही वक्त बीत जाता है। समय कम पड़ जाता है बाकी कार्यों के लिए। इसलिए सुबह का समय नए विचार और प्लान के लिए अच्छा है।

इस समय आप अपने बिज़नेस और कार्यों के लिए नई Strategy और प्लान तैयार कर सकते हैं। नए आइडिया पर काम कर सकते हैं। इन सभी कार्यों के लिए सुबह सबसे उपर्युक्त समय है।

3.नई हॉबी या Passive Income स्रोत पर काम करने का भरपूर मौका

अगर आप किसी नए इनकम स्रोत या हॉबी पर काम करना चाहते हैं तो सुबह का समय आपके लिए बहुत फायदेमंद साबित हो सकता है। इस समय आप उन पर काम कर सकते हैं या नई आदते विकसित कर सकते हैं जो आपके विकास में सहायक होंगी।

4. किताबों से दोस्ती करने का समय

किताबें हमारे जिंदगी में एक दोस्त की तरह होती हैं। एक अच्छी किताब हमारी जिंदगी को एक बेहतर रूप दे सकती है। सुबह जल्दी उठ कर आप कम से कम 20 से 25 मिनट तक कोई किताब पढ़ सकते हैं या ऑडियोबुक सुन सकते हैं। जो आपको आपकी फील्ड में बेहतर बनाने और ज्ञान प्राप्त करने में मदद करेगी।

5. पूरे दिन की प्लानिंग कर, दिन को दें सकते हैं सही दिशा

सुबह के समय हम अपना कुछ मिनट देकर अपने पूरे दिन को सही से प्लान कर सकते हैं। आप क्या सबसे महत्वपूर्ण है, क्या नया करना है, किसे अवॉयड करना हैं। इन सभी पॉइंट्स को To Do लिस्ट में नोट कर सकते हैं। जिससे अपने दिन के लक्ष्य को पूरा कर सके। इससे आप अपने दिन को ज्यादा प्रोडक्टिव बना सकते हैं।

6. मानसिक स्वास्थ्य होता है

क्या आपने कभी यह महसूस किया है कि आपके सुबह का पहला घंटा जैसे बीतता है, हमारा दिन भी ठीक वैसे ही बीतता है। अगर हमारा हर दिन अच्छा बीते तो हमारी जिंदगी भी अच्छी बन जाती है। अच्छे मानसिक स्वास्थ्य के लिए सुबह का समय बहुत अच्छा होता है। दिन को बेहतर बनाने और अपने दिमाग को ज्यादा शांत और एकाग्र करने के लिए आप सुबह 5 से 10 मिनट तक मेडीटेशन कर सकते हैं। इससे तनाव कम होता है और एकाग्रता बढ़ती है।

7. शारीरिक स्वास्थ्य पर ध्यान देने का पर्याप्त समय

कहा जाता है कि अच्छे मानसिक स्वास्थ्य के लिए एक स्वस्थ शरीर भी महत्वपूर्ण होता है। शरीर के अच्छे स्वास्थ्य के लिए आप 20 से 30 मिनट तक व्यायाम कर सकते हैं। सुबह के समय किया हुआ व्यायाम हमें पूरे दिन ऊर्जावान और ज्यादा एक्टिव बनाता है। अगर आप जिम नहीं जाते तो घर पर ही कुछ पुशअप्स, स्ट्रेचिंग, जम्पिंग जैक कर सकते हैं। जो आपको स्वस्थ रहने में मदद करता है।

8. मिलता है दिन में अतिरिक्त टाइम

हर दिन सुबह जल्दी उठने से हमें ज्यादा समय मिलता है। जिसका उपयोग हम अपने महत्वपूर्ण कार्यों को पूरा करने या किसी नई स्किल्स सीखने में लगा सकते हैं। अगर आप प्रतिदिन सिर्फ दो घंटे पहले उठते हैं तो आपको साल में 730 सुबह के सबसे ज्यादा ऊर्जावान और प्रोडक्टिव घंटे मिलते हैं। यानी पूरे एक महीने का समय। इसमें आप अपने दिन के सबसे महत्वपूर्ण कार्यों की लिस्ट बना सकते हैं। उनके लिए समय निश्चित कर सकते हैं और उनमें से कुछ को पूरा भी कर सकते हैं।

9. शरीर की बायोलॉजिकल घड़ी रहती है नियमित।

दिनचर्या में अनियमितता हमारे शरीर के बॉडी क्लॉक को बिगाड़ देती है। जिसकी वजह से शरीर की बहुत सारी प्रक्रियाएं असंतुलित हो जाती हैं। जो कई बीमारियों जैसे अपच, हृदय संबंधी रोग, मेटाबॉलिज्म कमजोर होना, मधुमेह, मोटापा आदि का कारण बनता है। अगर आप जल्दी उठते हैं और समय पर सोते हैं तो इन सभी समस्याओं का खतरा कम हो जाता है। और हम बेहतर शारीरिक और मानसिक स्वास्थ्य के मालिक बन जाते हैं।

10. नींद की गुणवत्ता बेहतर बनती है

दिन की शुरूआत जल्दी करने के लिए हमें जल्दी से सोना भी पड़ता है। जल्दी उठने के लिए हमें अपने सोने की आदतों में बदलाव करने की आवश्यकता होती है। इससे हमारी दिनचर्या नियमित बनती है। जिसका सीधा असर हमारे नींद की गुणवत्ता पर भी होता है।

क्योंकि शरीर के आंतरिक घड़ी में बदलाव से सोने की नई आदत विकसित होती है। अच्छी नींद आपको प्रोडक्टिविटी को भी बढ़ाता है। इसलिए प्रतिदिन समय पर सोये और सुबह जल्दी उठें। और जीवन के सभी क्षेत्रों में आगे बढ़ते रहें।

7

बेहतरीन दिन की शुरुआत कैसे करें?

हममें से हर कोई चाहता है की हमारा दिन अच्छा गुजरे। एक सफल और खुशहाल जीवन के लिए यह जरूरी है, कि हमारा हर एक दिन बेहतरीन हो। और यह तभी सम्भव है जब हमारे दिन की शुरुआत अच्छी हो। इसे अच्छा बनाने के लिए हमें अलग से कुछ सीखने की जरूरत नहीं होती। बस अपनी दिनचर्या में कुछ परिवर्तन करके हम एक शानदार दिन की शुरुआत कर सकते हैं।

आज मैं आपको कुछ आसान से Tips शेयर कर रहा हूं। जिसको अपना कर आप अपने दिन को <u>अधिक प्रोडक्टिव</u>, अधिक खुशनुमा और शानदार बना सकते हैं। तो आइए जानते हैं –

1. अपने नींद पर नियंत्रण रखें।

आपके सुबह के दिनचर्या की शुरुआत रात से पहले ही होती है। क्योंकि पर्याप्त नींद लेने से सुबह आपकी ऊर्जा बढ़ाने में मदद मिलती है। आपका शरीर आपके व्यस्त दिन के लिए इसी समय खुद को तैयार करता है।

एक बेहतरीन दिन की शुरुआत के लिए जरुरी है की आप अपने उम्र और कार्य के अनुसार 7-9 घंटे की नींद को अपने लिए सुनिश्चित कर लें। ऐसा इसलिए कि जब आपका अलार्म बजे तो उस समय आपकी नींद पूरी हो चुकी हो।

कभी-कभी जब आप देर तक काम करते हैं तो ऐसा करना मुश्किल हो जाता है। लेकिन जब संभव हो तो पूरी नींद जरूर लें। इससे आप सुबह उठने के बाद खुद को अधिक तरोताजा और फ्रेश महसूस करेंगे।

2. अगले दिन की तैयारी रात में ही कर लें।

आप कल जो भी कार्य करना चाहते हैं, उन सब की एक To do list आज सोने से पहले ही तैयार कर लें। जब आप सोने से पूर्व अगले दिन की भावी योजना तैयार करते हैं तो आप खुद को अगले दिन के लिए व्यवस्थित कर लेते हैं। दिन को एक सही दिशा दे देते हैं।

कार्यों की पूर्व योजना तैयार कर लेने से उसे पूरा करने के लिए सोच-विचार करने में अधिक समय व्यर्थ नहीं जाता है। दुनिया के सभी सफल लोगों की दिनचर्या में यह आदत जरूर होती है और वे सख्ती से इसका पालन करते हैं। ऐसा करने से व्यक्ति की कार्यप्रणाली प्रभावी होती है और आत्मविश्वास भी बढ़ता है।

3. सुबह जल्दी उठें।

आज कल हर किसी की देर से उठने की आदत है। ऐसे में अगर आप सुबह जल्दी उठते हैं तो आपको एक सुकून भरा माहौल मिलेगा। इस समय आप अपने जरूरी कार्यों को निपटा सकते हैं। जब तक लोग उठेंगें उस समय आप अपने दिन के आधे काम को खत्म कर चुके होंगे।

इससे आप हमेशा अन्य लोगों से एक कदम आगे रहेंगे। और अपने दिन को अधिक आनंद के साथ बिता पाएंगे। अगर आप किसी कारणवश देर से उठते हैं तो हड़बड़ाए नहीं और न ही गुस्सा करें।

ऐसा करने से न केवल आपका समय खराब होगा, साथ ही आपके दिन का शेड्यूल भी खराब हो जायेगा। इसलिए सबसे पहले शांत हो जाये और अपने समय को ठीक से <u>मैनेज</u> करने की कोशिश करें।

4. सुबह उठने के बाद क्या करें?

सुबह उठने के बाद सबसे पहले मुस्कराएं। जी हां, सुबह उठते ही हम सब अपने दिन के कार्यों में व्यस्त हो जाते हैं। और इसी भाग-दौड़ में लगे रहते हैं। अपने लिए जरा सा भी वक्त नही निकाल पाते।

इसलिए सबसे पहले शान्त मन से दिन का स्वागत करें। ईश्वर को धन्यवाद करें, एक और नए दिन के लिए। और खुद से कहें कि "आज का मेरा दिन बहुत अच्छा गुजरने वाले है।" उसके बाद उठ कर अपने विस्तर को व्यवस्थित करें।

आसान सी दिखने वाली यह आदत बड़े ही काम की है। जब आप अपने विस्तर को व्यवस्थित करते हैं तो यही आदत आपके दिन को भी व्यवस्थित करने में आपकी मदद करती है।

5. खुद से पूंछे "मैं इस दिन को कैसे अद्भुत बना सकता हूँ?"

यह बहुत ही साधारण सा सवाल है। लेकिन यह उतना ही शक्तिशाली है। बस अपने आप से पूछिये कि " How can I make today amazing? " इससे आप खुद को यह एहसास कराते हैं कि आपका दिन किस तरह गुजरेगा। आप इस बात पर नियंत्रण पा लेते हैं कि आपका दिन कैसा बीतेगा। और आप दिन भर कैसा महसूस करते हैं।

6. सोचिए, आपको किससे खुशी मिलती है।

हमारे विचार ही हमारी भावनाओं को जन्म देते हैं। अगर खुश करने वाले विचार को सोचते हैं, तो हमारे मन में खुशी की भावनाएं उत्पन्न होती हैं

यह बहुत ही सरल है, लेकिन यह इतना सच है कि अगर आप किसी ऐसी चीज के बारे में सोचें जिसे आप पसंद करते हैं तो आप खुश हो जाते हैं।

इसलिए आप सुबह कल्पना करिए उस चीज की, जिसे आप चाहते हैं, जिससे आपको खुशी मिलती है। और बदले में आप वास्तविक खुशी को महसूस कर पाएंगे।

7. पानी पिएं।

नींद के दौरान हम सब बिलकुल भी पानी नहीं पीते हैं। लम्बे अन्तराल के बाद सुबह उठने पर पर आपका शरीर डी-हाईड्रेट हो जाती है। इस कमी को पूरा करने के लिए पानी की अतिआवश्यकता होती है। स्वयं को स्वस्थ और स्लिम रखने के लिए सुबह उठने के बाद खाली पेट हल्का गर्म पानी पीने की आदत जरूर डालें।

यह आपके शरीर को ताजगी से भर देता है। और शरीर से कई तरह के विषैले तत्वों को बाहर निकलने में मदद करता हैं। इससे पाचन शक्ति भी मजबूत होती है।

8. सूर्य को देखें

दोस्तों सुबह उठने के बाद कमरे से बाहर निकल कर किसी शांत जगह पर जाएं जहाँ से आप प्रकृति के शौन्दर्य को देख सके, उसे महसूस कर सकें। इससे आपके अंदर पॉजिटिव एनर्जी का समावेश होता हैं। दिन की शुरुआत में आप सुबह के शांत माहौल को देखे, उगते सूरज को देखें और पक्षियों की आवाजें सुनें। आप देखेंगे कि आपका दिन कितना अच्छा बीतता है और आपका मन भीतर से प्रसन्न हो जाएगा, और आप अपने सभी परेशानियों को शांत मन से हल कर पायेंगे।

9. व्यायाम करें

व्यायाम हमारे तन और मन दोनों को स्वस्थ रखने में मदद करता है। सुबह उठकर व्यायाम करना एक अच्छे दिन की शुरुआत करने के लिए बेहद जरूरी है। जरूरी नहीं कि आप जिम में जाकर ही इसे करे। व्यायाम करने का तरीका आप अपने समय और सुविधा के अनुसार चुन सकते हैं।

जंपिंग जैक, पुशअप्स अथवा सूर्यनमस्कार भी पूरे शरीर को स्वस्थ रखने के लिए उपर्युक्त हैं। ये बिना किसी उपकरण के भी किये जा सकते हैं। आप आसानी से अपने छत पर अथवा इसे अपने कमरे में भी कर सकते हैं। व्यायाम को अपनी दिनचर्या में जरूर शामिल करें।

10. ध्यान करें

हम सब हर वक्त किसी न किसी विचार में खोए रहते हैं। पूरे दिन मन में असंख्य विचार चलते रहते है, कुछ जरूरी होते तो, कुछ बिना काम के। जब भी आप किसी एक चीज पर फोकस करना चाहते हैं, उस समय भी आपके विचार ही आपको गुमराह कर देते हैं।

अगर आप इन सब से बचना चाहते है तो आपको ध्यान (Meditation) जरूर करना चाहिए। इससे आप अपने विचारों को नियंत्रित कर सकते हैं। अपनी मानसिक चिंताओं से मुक्ति पा सकते हैं। Meditation करने से हमें आंतरिक रूप से शांति का अनुभव होता है। सुबह के समय 5 से 10 मिनट तक मेडिटेशन करने की आदत जरूर विकसित करें।

11. किताबें पढ़े

जितने भी सफल और महान लोग है उन सब में एक आदत सामान्य रूप से होती है। वो है पढ़ने की। सफल होने के लिए हमें हर दिन कुछ नया सीखने की आवश्यकता होती है। और किताबें आपको वह सब सीखा सकती हैं, जिसे आप सीखना चाहते हैं।

यह आपकी कम्युनिकेशन स्किल को बढाने तथा आपके सोचने-समझने की क्षमता को विकसित करने में मदद करता हैं। नई चुनौतियों से निपटने और नए आइडिया के लिए आपको हर दिन किताबों को जरुर पढ़ना चाहिए। अगर आपको बुक्स पढ़ने अथवा खरीदने का समय नही मिल पा रहा है।

तो अपने मोबाईल फ़ोन पर ऑडियोबुक सुन सकते हैं, Youtube पर हजारों बुक्स की ऑडियोबुक आपको मिल जायेंगी वहां से आप किसी भी समय सुन सकते हैं।

12. मोबाइल फोन से दुर रहें।

सुबह उठते ही लोग ईमेल, इंस्टाग्राम, अथवा फेसबुक चेक करने लगते हैं। ऐसा करने से आप प्रतिक्रियाशील स्थिति में हो जाते हैं। और आपकी सुबह दुसरो को उत्तर देने के बारे में बन जाती है। और इस तरह दिन की शुरुआत करना, तनावपूर्ण और तनावग्रस्त रहने का निश्चित ही एक तरीका है।

इसके बजाय, सुबह उठें और अपने फ़ोन को अपने स्थान पर ही छोड़ दें। जब तक आप अपनी सुबह की दिनचर्या पूरी नहीं कर लेते। अगर आप हर सुबह इन सब से दूर होते हैं, तो वह समय आपके लिए बहुत आरामदायक, शान्तिपूर्ण और आनंदमय होता है।

13. अपने आस-पास की जगह को साफ करें

अगर आप अपने माइंड को व्यवस्थित (Organize) करना चाहते हैं तो सबसे पहले अपने कमरे को व्यवस्थित कीजिये। जब आप अपने कमरे को साफ करते हैं तो आप देखेंगे कि कमरे में उपस्थित ऊर्जा कितनी अधिक शांतिपूर्ण और स्वागत करने योग्य है।

14. सुबह का स्नान है जरुरी

दोस्तों नहाना स्वास्थ्य की दृष्टि से अच्छा तो होता ही है। लेकिन एक प्रोडक्टिव दिन की शुरुआत में नहाने की गुणवत्ता और बढ़ जाती है। जब आप सुबह नहाते हैं तो खुद को अधिक अलर्ट और फ्रेस महसूस करते हैं। और यह मानसिक तनाव को भी दूर कर देता हैं। क्रिएटिव काम करने वाले व्यक्ति के लिए सुबह का स्नान बहुत ही फायदेमंद हो सकता है।

15. सुबह के नाश्ते

सुबह का नाश्ता हमारे शरीर और दिमाग के लिए बहुत ही फायदेमंद होता हैं। लेकिन ऐसा नहीं कि आप नास्ते में कुछ भी खाएं। इसके बजाय एक स्वस्थ और पौष्टिक नाश्ता करें। अगर आप अधिक भारी और तैलीय चीजें खाते हैं तो यह आपको भारीपन और थका हुआ महसूस करवा सकता है। अतः अपने श्रेष्ठतम प्रदर्शन के लिए अपने शरीर को उचित ईंधन प्रदान करें। यह दिन के शुरुआत का सबसे महत्वपूर्ण भोजन होता है।

8

जीवन में लक्ष्य का होना क्यों जरुरी है?

यदि आपसे पूछा जाये कि क्या आपने अपने लिए कुछ लक्ष्य निर्धारित कर रखे हैं तो आपके सिर्फ दो ही जवाब हो सकते हैं: हाँ या ना ।

अगर जवाब हाँ है तो ये बहुत ही अच्छी बात है क्योंकि ज्यादातर लोग तो बिना किसी निश्चित लक्ष्य के ही अपनी ज़िन्दगी बिताये जा रहे हैं और आप उनसे कहीं बेहतर स्थिति में हैं. पर यदि जवाब ना है तो ये थोड़ी चिंता का विषय है. थोड़ी इसलिए क्योंकि भले ही अभी आपका कोई लक्ष्य ना हो पर जल्द ही सोच-विचार कर के अपने लिए एक लक्ष्य निर्धारित कर सकते हैं.

लक्ष्य या Goals क्या होते हैं ? लक्ष्य एक ऐसा कार्य है जिसे हम सिद्ध करने की मंशा रखते हैं. Goal is a task which we intend to accomplish.

कुछ examples लेते हैं : एक student का लक्ष्य हो सकता है : " Final Exams में 80% से ज्यादा marks लाना ," एक employee का लक्ष्य हो सकता है अपनी performance के basis पे promotion पाना. एक house-wife का लक्ष्य हो सकता है Home based business की शुरुआत करना. एक समाजसेवी का लक्ष्य हो सकता है किसी गाँव के सभी लोगों को साक्षर बनाना " ।

लक्ष्य का होना ज़रूरी क्यों है?

1) सही दिशा में आगे बढ़ने के लिए : जब आप सुबह घर से निकलते हैं तो आपको पता होता है कि आपको कहाँ जाना है और आप वहां पहुँचते हैं, सोचिये अगर आपको यह नहीं पता हो कि आप को कहाँ जाना है तो भला आप क्या करेंगे? इधर उधर भटकने में ही समय व्यर्थ हो जायेगा. इसी तरह इस जीवन में भी यदि आपने अपने लिए लक्ष्य नहीं बनाये हैं तो आपकी ज़िन्दगी तो चलती रहेगी पर जब बाद में आप पीछे मुड़ कर देखेंगे तो शायद आपको पछतावा हो कि आपने कुछ खास achieve नहीं किया!!

लक्ष्य व्यक्ति को एक सही दिशा देता है. उसे बताता है कि कौन सा काम उसके लिए जरूरी है और कौन सा नहीं. यदि goals clear हों तो हम उसके मुताबिक अपने आप को तैयार करते हैं. हमारा subconscious mind हमें उसी के अनुसार act करने के लिए प्रेरित करता है. दिमाग में लक्ष्य साफ़ हो तो उसे पाने के रास्ते भी साफ़ नज़र आने लगते हैं और इंसान उसी दिशा में अपने कदम बढा देता है ।

2) अपनी उर्जा का सही उपयोग करने के लिए: भागवान ने इन्सान को सीमित उर्जा और सीमित समय दिया है. इसलिए ज़रूरी हो जाता है कि हम इसका उपयोग सही तरीके से करें. लक्ष्य हमें ठीक यही करने को प्रेरित करता है. अगर आप अपने end-goal को ध्यान में रख कर कोई काम करते हैं तो उसमे आपका concentration और energy का level कहीं अच्छा होता है.

For Example: जब आप किसी library में बिना किसी खास किताब को पढने के मकसद से जाते हैं तो आप यूँ ही कुछ किताबों को उठाते हैं और उनके पन्ने पलटते हैं और कुछ एक पन्ने पढ़ डालते हैं, पर वहीं अगर आप कसी Project Report को पूरा करने के मकसद से जाते हैं तो आप उसके मतलब की ही किताबें चुनते हैं और अपना काम पूरा करते हैं. दोनों ही cases में आप समय उतना ही देते हैं पर आपकी efficiency में जमीन-आसमान का फर्क होता है. इसी तरह life में भी अगर हमारे सामने कोई निश्चित लक्ष्य नहीं है तो हम यूँ ही अपनी energy waste करते रहेंगे और नतीजा कुछ खास नहीं

निकलेगा. लेकिन इसके विपरीत जब हम लक्ष्य को ध्यान में रखेंगे तो हमारी energy सही जगह उपयोग होगी और हमें सही results देखने को मिलेंगे ।

3) सफल होने के लिए: जिससे पूछिए वही कहता है कि मैं एक सफल व्यक्ति बनना चाहता.पर अगर ये पूछिए कि क्या हो जाने पर वह खुद को सफल व्यक्ति मानेगा तो इसका उत्तर कम ही लोग पूर विश्वास से दे पाएंगे. सबके लिए सफलता के मायने अलग-अलग होते हैं. और यह मायने लक्ष्य द्वारा ही निर्धारित होते हैं. तो यदि आपका कोई लक्ष्य नहीं है तो आप एक बार को औरों कि नज़र में सफल हो सकते हैं पर खुद कि नज़र में आप कैसे decide करेंगे कि आप सफल हैं या नहीं? इसके लिए आपको अपने द्वारा ही तय किये हुए लक्ष्य को देखना होगा ।

4) अपने मन के विरोधाभाष को दूर करने के लिए: हमारी life में कई opportunities आती-जाती रहती हैं. कोई चाह कर भी सभी की सभी opportunities का फायदा नहीं उठा सकता. हमें अवसरों को कभी हाँ तो कभी ना करना होता है. ऐसे में ऐसी परिस्थितियां आना स्वाभाविक है जब हम decide नहीं कर पाते कि हमें क्या करना चाहिए. ऐसी situations में आपका लक्ष्य आपको guide कर सकता है. जैसे मेरा और मेरी wife का लक्ष्य एक Beauty Parlour खोलने का है, ऐसे में अगर आज उसे एक ही साथ दो job-offers मिलें, जिसमें से एक किसी पार्लर से हो तो वह बिना किसी confusion के उसे ज्वाइन कर लेगी, भले ही वहां उसे दुसरे offer के comparison में कम salary मिले । वहीं अगर सामने कोई लक्ष्य ना हो तो हम तमाम factors को evaluate करते रह जायें और अंत में शायद ज्यादा वेतन ही deciding factor बन जाये ।

मुझे बिलकुल उपयुक्त लगता है. तो यदि आपने अभी तक अपने लिए कोई लक्ष्य निर्धारित नहीं किया है तो इस दिशा में सोचना शुरू कीजिये. लक्ष्य बनाइये, बड़े लक्ष्य बनाइये, और उन्हें हासिल करके ही दम लीजिये ।

Goal Setting:- S.M.A.R.T होना चाहिए आपका लक्ष्य !

SMART का मतलब है :-

S –Specific (स्पष्ट)

M -Measurable (जिसे मापा जा सके) A-Achievable (पूर्ण करने योग्य) R– Realistic (वास्तविक) T– Time-bound (समय में बंधा हुआ)

एक SMART goal में ऊपर बतायी गयी सभी qualities होनी चाहियें । दोस्तों यहाँ मैं आपके सामने कुछ मिलते जुलते goals लिख रहा हूँ :-

- मुझे अच्छे number लाने हैं .
- मुझे Maths में अच्छे number लाने हैं .
- मुझे annual exam में Maths में अच्छे number लाने हैं.
- मुझे annual exam में Maths में कम से कम 80 number लाने हैं.
- मुझे annual exam में Maths में 100 number लाने हैं.

1) Specific : आपका लक्ष्य बिलकुल clear होना चाहिए . उसे सुनने या पढने के बाद उसे लेकर कोई संशय नहीं होना चाहिए . अगर कोई कहता है कि उसे "अच्छे number लाने हैं " तो ये बात clear नहीं होती कि वो किस subject या exam की बात कर रहा है जिसमे उसे अच्छे number लाने हैं . और अच्छे से क्या मतलब है ? किसी के लिए 100 में 80 अच्छा हो सकता है किसी के लिए 100 में 60 भी अच्छा हो सकता है ।

इसी तरह कई लोग कहते हैं कि मेरा लक्ष्य है एक सफल आदमी बनना , पर जब आप उनसे पूछेंगे की किस क्षेत्र में तो शायद वो कोई satisfactory answer ना दे पाएं . यानि वो अपने लक्ष्य को लेकर clear नहीं हैं , और जब goal clear ना हो तो उसके achieve होने की बात ही नहीं उठती ।

2) Measurable : आपका goal ऐसा होना चाहिए जिसे किसी पैमाने पर मापा जा सके . यानि उस goal के साथ कोई संख्या कोई number जुड़ा होना चाहिए . For example, यदि कोई कहता है की उसका लक्ष्य weight कम करना है तो सवाल उठता है की कितना कम

करना है . Goal के साथ जब numbers जुड़ जाते हैं तो आप अपनी progress को measure कर सकते हैं . और ये जान सकते हैं की आपने अपना लक्ष्य सही तरह से achieve किया की नहीं . इसलिए एक अच्छा goal हमेशा measurable होता है ।

3) Achievable: यदि आप कोई ऐसा goal बनाएँगे जो अन्दर से आपको ऐसी feeling दे कि भाई ये तो impossible है तो ऐसे goal का कोई अर्थ नहीं है . दोस्तों हमारा sub-conscious mind conscious mind से कहीं अधिक powerful होता है , यदि आप conscious mind से कोई impossible goal बनायेंगे और subconscious उसे support नहीं करेगा तो आपके goal पूरा होने के chances नहीं के बराबर होंगे . For example. आप decide करते हैं कि मुझे Maths में 100 number लाने हैं और आपका past record बताता है कि आप मुश्किल से ही इस subject में पास होते हैं तो तुरंत ही आपका अवचेतन मस्तिष्क इसे नकार देगा और आप ये goal achieve नहीं कर पाएंगे . वहीं अगर आप 75% marks लाने की सोचते हैं तो आपके सफल होने की संभावना कहीं अधिक होगी ।

4) Realistic: आपका goal आपके लिए realistic होना चाहिए . Achievable और Realistic के बीच एक thin line है . जो लक्ष्य realistic है वो achievable हो सकता है, पर जो achievable है वो realistic भी हो ऐसा ज़रूरी नहीं है. For एक्साम्प्ले, Exam में top करना एक achievable goal है , पर यदि आपने शुरू से पढ़ाई नहीं की है और अब बस exam में कुछ ही दिन बचे हैं तो ये unrealistic होगा की आप top करेंगे .हमेशा अपनी capacity के हिसाब से realistic goals बनाएं . ये भी ध्यान रकेहें की कोई काम किसी और के लिए realistic हो सकता है पर आपको उसे अपने angle से देखना है और अपने goals design करने हैं ।

5) Time-Bound : Goals के साथ अगर आप समय सीमा नहीं निर्धारित करेंगे तो आपको उसे achieve करने की urgency नहीं महसूस होगी और आप उसे पूरा करने के लिए सही प्रयत्न नहीं कर पायेंगे . इसीलिए goal decide करते वक़्त ये निश्चय करना कि इसे

कब तक achieve करना है बहुत ही आवश्यक है . मैंने कई बार लोगों को ये कहते सुना है कि मुझे business start करना है , पर ये बहुत कम ही सुनने में आता है कि मुझे इस साल के इस महीने से business start करना है . अतः आप जब भी अपना goal बनाएं तो उसे कब तक achieve करना है ये ध्यान में रखें और उसे अपनी सोच का हिस्सा बनाएं , ऐसा करने से कहीं ना कहीं <u>Law of Attraction</u> भी आपको goals achieve करने में help करेगा ।

तो यदि हम अपने शुरुआती प्रश्न पर लौटें तो हम पायेंगे की अधिकतर cases में "मुझे Annual exam में Maths में कम से कम 80 number लाने हैं " एक SMART goal होगा . अगर "मुझे Annual exam में Maths में 100 number लाने हैं " लक्ष्य की बात करें तो ये ज्यादातर लोगों के लिए या तो achievable नहीं होगा या realistic नहीं होगा , पर कुछ लोगों के लिए जो Maths में exceptionally good हैं उनके लिए ये एक SMART goal हो सकता है . पर ऐसी प्रजाति बहुत कम ही पायी जाती है।

SMART goal बना लेना मतलब आधी जंग जीतना है , और ना बना पाना हारना . बाकी आधी जीत के लिए आपको ये plan करना होगा की आप कैसे इस goal को achieve करेंगे ।

9

सेल्फ कॉन्फिडेंस लेवल कैसे बढ़ाएं?

इस बात से कोई इनकार नहीं कर सकता की जीवन में सफलता पाने के लिए self-confidence एक बेहद important quality है। जीवन में किसी मुकाम पर पहुंच चुके हर एक व्यक्ति में आपको ये quality दिख जाएगी, फिर चाहे वो कोई film-star हो, कोई cricketer, आपके पड़ोस का कोई व्यक्ति, या आपको पढ़ाने वाला शिक्षक। आत्मविश्वास एक ऐसा गुण है जो हर किसी में होता है, किसी में कम तो किसी में ज्यादा। पर ज़रुरत इस बात की है कि अपने present level of confidence को बढ़ा कर एक नए और बेहतर level तक ले जाया जाये। और आज मैं आपके साथ कुछ ऐसी ही बातें share करूँगा जो आपके आत्म-विश्वास को बढ़ाने में मददगार हो सकती हैं।

1) Dressing sense improve कीजिये:

आप किस तरह से dress-up होते हैं इसका असर आपके confidence पर पड़ता है। ये बता दूँ कि यहाँ मैं अपने जैसे आम लोगों की बात कर रहा हूँ, Swami Vivekanand और Mahatma Gandhi जैसे महापुरुषों का इससे कोई लेना देना नहीं है

मैंने खुद इस बात को feel किया है, जब मैं अपनी best attire में होता हूँ तो automatically मेरा confidence बढ़ जाता है, इसीलिए

जब कभी कोई <u>presentation या interview</u> होता है तो मैं बहुत <u>अच्छे से तैयार</u> होता हूँ । दरअसल अच्छा दिखना आपको लोगों को face करने का confidence देता है और उसके उलट poorly dress up होने पे आप बहुत conscious रहते हैं ।

मैंने कहीं एक line पढ़ी थी- "आपकपड़ोंपेजितनाखर्चकरतेहैंउतनाहीकरें, लेकिनजितनीकपडेखरीदतेहैंउसकेआधेहीखरीदें " ।

2) वो करिए जो confident लोग करते हैं:आपके आस-पास ऐसे लोग ज़रूर दिखेंगे जिन्हें देखकर आपको लगता होगा कि ये व्यक्ति बहुत confident है। आप ऐसे लोगों को ध्यान से देखिये और उनकी कुछ activities को अपनी life में include करिए । For example :

○ Front seat पर बैठिये ।
○ Class में , seminars में , और अन्य मौके पर Questions पूछिए / Answers दीजिये
○ अपने चलने और बैठने के ढंग पर ध्यान दीजिये
○ दबी हुई आवाज़ में मत बोलिए ।
○ Eye contact कीजिये , नज़रे मत चुराइए।

3) किसी एक चीज में अधिकतर लोगों से बेहतर बनिए:

हर कोई हर field में expert नहीं बन सकता है, लेकिन वो अपने interest के हिसाब से एक -दो areas चुन सकता है जिसमे वो औरों से बेहतर बन सकता है । जब मैं School में था तो बहुत से students मुझसे पढाई और अन्य चीजों में अच्छे थे , पर मैं Geometry में class में सबसे अच्छा था और इसी वजह से मैं बहुत confident feel करता था। अगर आप किसी एक चीज में महारथ हांसिल कर लेंगे तो वो आपको in-general confident बना देगा । बस आपको अपने interest के हिसाब से कोई चीज चुननी होगी और उसमे अपने circle में best बनना होगा, आपका circle आप पर depend करता है , वो आपका school, college, आपकी colony या आपका शहर हो सकता

है।

आप कोई भी field चुन सकते हैं, वो कोई art हो सकती है , music, dancing, कोई खेल हो सकता है , कोई subject हो सकता है या कुछ और जिसमे आपकी expertise आपको भीड़ से अलग कर सके और आपकी एक special जगह बना सके । ये इतना मुश्किल नहीं है , आप already किसी ना किसी चीज में बहुतों से बेहतर होंगे , बस थोडा और मेहनत कर के उसमे expert बन जाइये इसमें थोडा वक़्त तो लगेगा , लेकिन जब आप ये कर लेंगे तो सभी आपकी respect करेंगे और आप कहीं अधिक confident feel करेंगे ।

और जो व्यक्ति किसी क्षेत्र में special बन जाता है उसे और क्षेत्रों में कम knowledge होने की चिंता नहीं होती, आप ही सोचिये क्या कभी सचिन तेंदुलकर इस बात से परेशान होते होंगे कि उन्होंने ज्यादा पढाई नहीं की ...कभी नहीं !

4) अपने achievements को याद करिए

आपकी past achievements आपको confident feel करने में help करेंगी। ये छोटी -बड़ी कोई भी achievements हो सकती हैं । For example: आप कभी class में first आये हों , किसी subject में school top किया हो , singing completion या sports में कोई जीत हासिल की हो, कोई बड़ा target achieve किया हो , employee of the month रहे हों । कोई भी ऐसी चीज जो आपको अच्छा feel कराये ।

आप इन achievements को dairy में लिख सकते हैं, और इन्हें कभी भी देख सकते हैं, ख़ास तौर पे तब जब आप अपना confidence boost करना चाहते हैं । इससे भी अच्छा तरीका है कि आप इन achievements से related कुछ images अपने दिमाग में बना लें और उन्हें जोड़कर एक छोटी सी movie बना लें और समय समय पर इस अपने दिमाग में play करते रहे । Definitely ये आपके confidence को boost करने में मदद करेगा ।

5) Visualize करिए कि आप confident हैं:

आपकी प्रबल सोच हकीकत बनने का रास्ता खोज लेती है , इसलिए आप हर रोज़ खुद को एक confident person के रूप में सोचिये ।

आप कोई भी कल्पना कर सकते हैं , जैसे कि आप किसी stage पर खड़े होकर हजारों लोगों के सामने कोई भाषण दे रहे हैं , या किसी seminar hall में कोई शानदार presentation दे रहे हैं , और सभी लोग आपसे काफी प्रभावित हैं , आपकी हर तरफ तारीफ हो रही है और लोग तालियाँ बजा कर आपका अभिवादन कर रहे हैं । Albert Einstein ने भी imagination को knowledge से अधिक powerful बताया है ; और आप इस power का use कर के बड़े से बड़ा काम कर सकते हैं।

6) गलतियाँ करने से मत डरिये:

क्या आप ऐसे किसी व्यक्ति को जानते हो जिसने कभी गलती ना की हो? नहीं जानते होंगे , क्योंकि गलतियाँ करना मनुष्य का स्वभाव है , और मैं कहूँगा कि जन्मसिद्ध अधिकार भी । आप अपने इस अधिकार का प्रयोग करिए। गलती करना गलत नहीं है, उसे दोहराना गलत है । जब तक आप एक ही गलती बार -बार नहीं दोहराते तब तक दरअसल आप गलती करते ही नहीं आप तो एक प्रयास करते हैं और इससे होने वाले experience से कुछ ना कुछ सीखते हैं ।

दोस्तों कई बार हमारे अन्दर वो सब कुछ होता है जो हमें किसी काम को करने के लिए होना चाहिए , पर फिर भी failure के डर से हम confidently उस काम को नहीं कर पाते । आप गलतियों के डर से डरिये मत, डरना तो उन्हें चाहिए जिनमे इस भय के कारण प्रयास करने की भी हिम्मत ना हो !! आप जितने भी सफल लोगों का इतिहास उठा कर देख लीजिये उनकी सफलता की चका-चौंध में बहुत सारी असफलताएं भी छुपी होंगी ।

Michel Jordan, जो दुनिया के अब तक के सर्वश्रेष्ठ basketball player माने जाते हैं; उनका कहना भी है कि –

"आप कुछ करने से हिचकिचाइए मत चाहे वो खड़े हो कर कोई सवाल करना हो , या फिर कई लोगों के सामने अपनी बात रखनी हो , आपकी जरा सी हिम्मत आपके आत्मविश्वास को कई गुना बढ़ा सकती है । सचमुच डर के आगे जीत है!

7) Low confidence के लिए अंग्रेजी ना जानने का excuse मत दीजिये:

हमारे देश में अंग्रेजी का वर्चस्व है । मैं भी अंग्रेजी का ज्ञान आवश्यक मानता हूँ ,पर सिर्फ इसलिए क्योंकि इसके ज्ञान से आप कई अच्छी पुस्तकें , ब्लॉग , etc पढ़ सकते हैं , आप एक से बढ़कर एक programs, movies, इत्यादि देख सकते हैं । पर क्या इस भाषा का ज्ञान confident होने के लिए आवश्यक है? नहीं । English जानना आपको और भी confident बना सकता है पर ये confident होने के लिए ज़रूरी नहीं है । किसी भी भाषा का मकसद शब्दों में अपने विचारों को व्यक्त करना होता है , और अगर आप यही काम किसी और भाषा में कर सकते हैं तो आपके लिए अंग्रेजी जानने की बाध्यता नहीं है।

मैं गोरखपुर से हूँ , वहां के सांसद योगी आदित्य नाथ को मैंने कभी अंग्रेजी में बोलते नहीं सुना है , पर उनके जैसा आत्मविश्वास से लबरेज़ नेता भी कम ही देखा है । इसी तरह मायावती और मुलायम सिंह जैसे नेताओं में आत्मविश्वास कूट -कूट कर भरा है पर वो हमेशा हिंदी भाषा का ही प्रयोग करते हैं ।

दोस्तों, कुछ जगहों पर जैसे कि <u>job-interview</u> में अंग्रेजी का ज्ञान आपके चयन के लिए ज़रूरी हो सकता है, पर confidence के लिए नहीं , आप बिना English जाने भी दुनिया के सबसे confident व्यक्ति बन सकते हैं ।

8) जो चीज़ आपका आत्मविश्वास घटाती हो उसे बार-बार कीजिये:

कुछ लोग किसी ख़ास वजह से confident नहीं feel करते हैं । जैसे कि कुछ लोगों में stage-fear होता है तो कोई opposite sex के सामने nervous हो जाता है । यदि आप भी ऐसे किसी challenge को face कर रहे हैं तो इसे beat करिए । और beat करने का सबसे अच्छा तरीका है कि जो activity आपको nervous करती है उसे इतनी बार कीजिये कि वो आपकी ताकत बन जाये । यकीन जानिए आपके इस प्रयास को भले ही शुरू में कुछ लोग lightly लें और शायद मज़ाक भी उड़ाएं पर जब आप लगातार अपने efforts में लगे रहेंगे तो वही लोग एक दिन आपके लिए खड़े होकर ताली बजायेंगे ।

गाँधी जी की कही एक line मुझे हमेशा से बहुत प्रेरित करती रही है "पहलेवोआपपरध्याननहींदेंगे, फिरवोआपपरहँसेंगे, फिरवोआपसेलड़ेंगे,

औरतबआपजीतजायेंगे।” तो आप भी उन्हें ignore करने दीजिये , हंसने दीजिये , लड़ने दीजिये, पर अंत में आप जीत जाइये । क्योंकि आप जीतने के लिए ही यहाँ हैं , हारने के लिए नहीं ।

9) *विशेष मौकों पर विशेष तैयारी कीजिये:*

" *सफलताकेलिएआत्म-विश्वासआवश्यकहै, औरआत्म-विश्वासलिएतैयारी* " -

जब कभी आपके सामने खुद को prove करने का मौका हो तो उसका पूरा फायदा उठाइए । For example: आप किसी debate, quiz , dancing या singing competition में हिस्सा ले रहे हों , कोई test या exam दे रहे हो ,या आप कोई presentation दे रहे हों , या कोई program organize कर रहे हों । ऐसे हर एक मौके के लिए जी -जान से जुट जाइये और बस ये ensure करिए कि आपने तैयारी में कोई कमी नहीं रखी, अब result चाहे जो भी हो पर कोई आपकी preparation को लेकर आप पर ऊँगली ना उठा पाए।

Preparation और self-confidence directly proportional हैं । जितनी अच्छी तैयारी होगी उतना अच्छा आत्म -विश्वास होगा।और जब इस तैयारी की वजह से आप सफल होंगे तो ये जीत आपके life की success story में एक और chapter बन जाएगी जिसे आप बार -बार पलट के पढ़ सकते हैं और अपना confidence boost कर सकते हैं ।

10) *Dailyअपना MIT पूरा कीजिये:*

यदि आप अपना daily का <u>Most Important Task</u> पूरा करते रहेंगे तो निश्चित रूप से आपका आत्म -विश्वास कुछ ही दिनों में बढ़ जायेगा । आप जब भी अपना MIT पूरा करें तो उसे एक छोटे success के रूप में देखें और खुद को इस काम के लिए शाबाशी दें । रोज़ रोज़ लगातार अपने important tasks को successfully पूरा करते रहना शायद अपने confidence को boost करने का सबसे कारगर तरीका है । आप इसे ज़रूर try कीजिये।

Friends, ये याद रखिये कि आपका confidence आपकी education, आपकी financial condition या आपके looks पर नहीं depend करता और आपकी इज़ाज़त के बिना कोई भी आपको

inferior नहीं feel करा सकता। आपका आत्म-विश्वास आपकी सफलता के लिए बेहद आवश्यक है,और आज आपका confidence चाहे जिस level हो, अपने efforts से आप उसे नयी ऊँचाइयों तक पहुंचा सकते हैं।

10

सफलता के लिए जरूरी है फोकस

ऐसा क्यों होता है कि कई बार सब कुछ होते हुए भी हम वो नहीं कर पाते जिसको करने के बारे में हमने सोचा होता है दृढ निश्चय किया होता खुद को वादा किया होता है कि हमें ये काम करना ही करना है चाहे जो हो जाए ।

"सब कुछ होते हुए" से मेरा मतलब है आपके पास पर्याप्त talent, पैसा , समय , या ऐसी कोई भी चीज जो उस काम को करने के लिए ज़रूरी है ; होने से है ।

फोकस करने का क्या अर्थ है ?

एक idea लो . उस idea को अपनी life बना लो – उसके बारे में सोचो उसके सपने देखो , उस idea को जियो . अपने दिमाग , muscles, nerves, शरीर के हर हिस्से को उस आईडिया में डूब जाने दो , और बाकी सभी ideas को किनारे रख दो . यही सफल होने का तरीका है , यही वो तरीका है जिससे महान लोग निर्मित होते हैं ।

Friends, उपरोक्त कथन Swami Vivekananda के हैं और मुझे लगता है कि Focus शब्द को शायद ही इससे अच्छे ढंग से समझा जा सकता है ।

इस कथन में जहाँ स्वामी जी ने किसी एक आईडिया को अपनाना आवश्यक बताया है वहीं दूसरी तरफ इस दौरान अन्य ideas को किनारे रखने के लिए भी कहा है. और सही मायने में यही है Focussed होना ।

फोकस करता क्या है ?

आपने बचपन में lens ज़रूर use किया होगा ....lens देखने में तो एक साधारण कांच का टुकड़ा लगता है ...पर जब हम उसे कागज़ के किसी एक हिस्से पर focus करते हैं तो थोड़ी देर में वो कागज़ जलने लगता है ।

Focus चीजों को संभव बनाता है ....जब आप भी अपने goal पर focused रहते हैं तो मार्ग में आने वाली बाधाएं जल कर ख़ाक हो जाती हैं, आपका रास्ता साफ़ हो जाता है, और आप अपना goal achieve कर पाते हैं . Focus आपको सिर्फ यह नहीं बताता कि करना क्या है, यह भी बताता है कि क्या नहीं करना है .Focus आपको आपके goal से बांधता ही नहीं, आपको बेकार की चीजों में बंधने से बचाता भी है ।

मैं हमेशा से सोचता था की मुझे कुछ बड़ा achieve करना है . मेरे लिए बड़े का अर्थ कभी lucrative jobs और अधिक पैसे कमाना नहीं रहा है, हालांकि मैं भी <u>financially abundant</u> होना चाहता हूँ ... पर मेरे लिए जो काम बड़ा है वो है अधिक से अधिक लोगों का जीवन बेहतर बनाना . और कुछ हद्द तक मैं ऐसा अपनी Donation के through कर पाया ...पर वो मेरे लिए satisfactory नहीं था . इसीलिए जब मैंने इस किताब की शुरुआत की तभी मैंने ठान लिया था की अब मैं अपना पूरा focus इसी एक किताब पर रखूँगा, और तब तक रखूँगा जब तक मैं इसमें सफल नहीं हो जाता, इस दौरान मैं किसी और चीज पर ध्यान नहीं दूंगा ...यहाँ तक की अपनी 11th की तरफ भी नहीं, और ना ही नया कुछ करने की कोशिश करूँगा, अब मेरा एक ही लक्ष्य होगा इसी एक किताब को अपनी पहली major Success Story बनाना . और आज इसे Most Reading Book बना कर मैं कुछ हद्द तक सफल भी हुआ हूँ , पर अभी भी मैं इसे major success नहीं कह सकता, इसमें कुछ और समय लगेगा ।

क्या फोकस रहना आसान है ?

नहीं , पिछले डेढ़ साल में इसी एक किताब पर अपना focus बनाये रखने के लिए मैंने बहुत सी चीजों को ना कहा है ; including better Income opportunities, foreign travel breaks, other promising income generating ideas, etc. Friends, अगर आपको कुछ World Class करना है तो आपको पूरी तरह से उस काम में डूबना होगा और तब तक लगे रहना होगा जब तक की आप अपने efforts को physical reality में तब्दील होते हुए ना देख लें .बीच में बहुत सारे distractions आयेंगे ; पर उस वक़्त आपको अपना focus नहीं loose करना है और ऐसा तभी संभव होगा जब आप अपने काम या idea में पूरी तरह से believe करते हैं . इस मुश्किल समय में जब mind में self doubt आने लगता है तब आपका belief system ही आपको distract होने से बचा सकता है . इसलिए काम शुरू करने से पहले ही आप उस पर अच्छी तरह से सोच विचार कर लीजिये , in fact आप अपने friends को आपको उस idea या plan को लेकर challenge करने के लिए भी कह सकते हैं , और अगर कोई भी तर्क -वितर्क आपकी आईडिया को लेकर आपके अन्दर doubt डालता है तो आप उस पर पुनः विचार कर सकते हैं , कुछ शुरू करने से पहले आपका अपने काम के successful होने पर believe करना बहुत ज़रूरी है आगे यही आपके FOCUS को उस पर बनाये रखने में मदद करेगा ।

तो क्या focus करने का ये मतलब है कि हम और कोई काम करे ही नहीं ?

नहीं , आप और काम करते हुए भी अपना focus किसी एक चीज पर बनाये रख सकते हैं . For example: Mahendra Singh Dhoni Railways में TTE की job करते थे पर फिर भी उनका focus cricket था . आप रोज TV पर कितने ही singers और dancers को देखते हैं , वो भी और लोगों की तरह पढने जाते हैं या job करते हैं पर उनका focus तो singing या dancing होता है . इसी तरह मैंने आपके साथ World's Youngest CEO , Suhas Gopinath की story share की थी , पढाई करते वक़्त भी उनका focus अपनी company establish करने का था ; और इसी एकाग्रता के दम पर उन्होंने छोटी सी उम्र में multi million dollar company खड़ी कर दी ।

देखिये , जब तक आपके मन का काम आपको financially support नहीं करने लगता तब तक कुछ ना कुछ तो करते रहना होगा ....पर ध्यान देने की बात ये है कि आपको और चीजों को सिर्फ करना है ...पर आपने अपने लिए जो Goal decide किया है उसे achieve करने के लिए आपको उसमे डूबना है , और यही आपकी success और failure के बीच का सबसे बड़ा differentiator होगा ।

इतना याद रखिये कि अपने जीवन में एक normal focussed व्यक्ति एक talented unfocussed व्यक्ति से कहीं ज्यादा achieve कर सकता है . और सच पूछिए तो अगर हमने इस अनमोल जीवन को छोटी – मोटी चीजें करने में ही बिता दिया तो हमारे life की कोई value नहीं रहेगी हमारी अपनी नज़रों में भी इसलिए बड़े लक्ष्य बनाइये और उस पर focussed होकर उसे achieve करिए तभी जीने का असली मजा है ।

11

अपने आप को जानना सीखे

लोग दुनिया को जानने की बात तो करते हैं, पर स्वयं को नहीं जानते. जानते ही नहीं, बल्कि जानना ही नहीं चाहते. खुद को जानना ही दुनिया की सबसे बड़ी नियामत है. जो खुद को नहीं जानता, वह भला दूसरों को कैसे जानेगा? दूसरों को भी जानने के लिए पहले खुद को जानना आवश्यक है. इसलिए बड़े महानुभाव गलत नहीं कह गए हैं कि जानने की शुरुआत खुद से करो ।

एक महात्मा का द्वार किसी ने खटखटाया. महात्मा ने पूछा-कौन? उत्तर देने वाले ने अपना नाम बताया. महात्मा ने फिर पूछा कि क्यों आए हो? उत्तर मिला- खुद को जानने आया हूँ. महात्मा ने कहा-तुम ज्ञानी हो, तुम्हें ज्ञान की आवश्यकता नहीं. ऐसा कई लोगों के साथ हुआ. लोगों के मन में महात्मा के प्रति नाराजगी छाने लगी. एक बार एक व्यक्ति ने महात्मा का द्वार खटखटाया- महात्मा ने पूछा-कौन ? उत्तर मिला-यही तो जानने आया हूँ कि मैं कौन हूँ. महात्मा ने कहा-चले आओ, तुम ही वह अज्ञानी हो, जिसे ज्ञान की आवश्यकता है? बाकी तो सब ज्ञानी थे ।

इस तरह से शुरू होती है, जीवन की यात्रा. अपने आप को जानना बहुत आवश्यक है. जो खुद को नहीं जानता, वह किसी को भी जानने का दावा नहीं कर सकता. लोग झगड़ते हैं और कहते हैं- तू मुझे नहीं जानता

कि मैं क्या-क्या कर सकता हूँ. इसके जवाब में सामने वाला भी यही कहता है. वास्तव में वे दोनों ही खुद को नहीं जानते. इसलिए ऐसा कहते हैं. आपने कभी जानने की कोशिश की कि खुदा और खुद में ज्यादा फ़र्क नहीं है. जिसने खुद को जान लिया, उसने खुदा को जान लिया. पुराणों में भी कहा गया है कि ईश्वर हमारे ही भीतर है । उसे ढूँढ़ने की कोई आवश्यकता नहीं ।

सवाल यह उठता है कि अपने आप को जाना कैसे जाए? सवाल कठिन है, पर उतना कठिन नहीं, जितना हम सोचते है , ज़िंदगी में कई पल ऐसे आएँ होंगे, जब हमने अपने आप को मुसीबतों से घिरा पाया होगा. इन क्षणों में समाधान तो क्या दूर-दूर तक शांति भी दिखाई नहीं देती. यही क्षण होता है, खुद को पहचानने का. इंसान के लिए हर पल परीक्षा की घड़ी होती है. परेशानियाँ मनुष्य के भीतर की शक्तियों को पहचानने के लिए ही आती हैं. मुसीबतों के उन पलों को याद करें, तो आप पाएँगे कि आपने किस तरह उसका सामना किया था। एक-एक पल भारी पड़ रहा था. लेकिन आप उससे उबर गए. आज उन क्षणों को याद करते हुए शायद सिहर जाएँ. पर उस वक्त तो आप एक कुशल योद्धा थे, जिसने अपने पराक्रम से वह युद्ध जीत लिया ।

वास्तव में मुसीबतें एक शेर की तरह होती हैं, जिसकी पूँछ में समाधान लटका होता है. लेकिन हम शेर की दहाड़ से ही इतने आतंकित हो जाते हैं कि समाधान की तरफ हमारा ध्यान ही नहीं जाता. लेकिन धीरे से जब हम यह सोचें कि अगर हम जीवित हैं, तो उसके पीछे कुछ न कुछ कारण है. यदि शेर ने हमें जीवित छोड़ दिया, तो निश्चित ही हमारे जीवन का कोई और उद्देश्य है. उस समय यदि हम शांति से उन परिस्थितियों को जानने का प्रयास करें, तो हम पाएँगे कि हमने उन क्षणों का साहस से मुकाबला किया. यही से हमें प्राप्त होता है आत्मबल और शुरू होता है खुद को जानने का सिलसिला.

हम याद करें उन पलों के साहस को. कैसी सूझबूझ का परिचय दिया था हमने. आज भी यदि मुसीबतें हमारे सामने आई हैं, तो यह जान लीजिए कि वह हमें किसी परीक्षा के लिए तैयार करने के लिए आई हैं. हमें उस परीक्षा में शामिल होना ही है. यानी खुद की शक्ति को पहचान कर हमें

आगे बढ़ना है. जीवन इसी तरह आगे बढ़ता है ।

यह बात हमेशा याद रखें कि जिसने परीक्षा में अधिक अंक लाएँ हैं, उन्हें और परीक्षाओं के लिए तैयार रहना है. जो फेल हो गए, उनके लिए कैसी परीक्षा और काहे की परीक्षा? याद रखें मेहनत का अंत केवल सफलता नहीं है, बल्कि सफलता के बाद एक और कड़ी मेहनत के लिए तैयार होना है , बस ।

12

माता - पिता की अहमियत

एक कहानी है आशीष नाम के आदमी की जिसके शादी हो गयी थी दो बच्चे भी थे जिसके फैमली में सब कुछ अच्छा चल रहा था उसके घर में कही कोई कमी नहीं थी एक बड़ा सा घर था गाड़ी थी एक लौता संतान था।

उसके मम्मी पापा बरे शांत शोभाव के थे नेक दिल इंसान लेकिन एक दिन सब कुछ बदल गया आशीष की माँ का देहांत हो गया और एक महीने के बाद ही आशीष ने अपने पिता से लड़ाई करली उसने अपने पापा से बोला की पापा जी आपकी वजह से बहुत दिकत हो रही है बहु को जो मेरी बीवी है उसे बड़ी परेशानी होती है दिन भर इसे कल्चरल वैल्यूज फॉलो करनी परती है शारी पेहेन कर के काम करना परता है ये मॉडर्न बना चाहती है ।

लेकिन बन नहीं पा रही है तो पापा आप से एक रिक्वेस्ट है आप अपने घर में जो निचे गराज है उसमे शिफ्ट हो जाओ। इस लड़के ने अपने पिता को अपने ही घर में निचे गराज में शिफ्ट कर दिया। इसके पापा कुछ नहीं बोले , बिना कुछ बोले चुप चाप अपने सामान ले कर के गराज में शिफ्ट हो गए 15 दिन के बाद में ये ऑनक्ल जी ऊपर आते है सीडी चढ़ कर के डोर बेल्ल बजाते हैं आशीष बहार निकलता है ।

अपने पापा को देख कर के चउक जाता है इसे लगता है की अब लड़ाई होने वाली है लेकिन ऑनक्ल जी लड़ाई नहीं करते बल्कि उनके हाथ में कुछ वाउचर्स होते हैं आशीष को देते है और बोलते है की बीटा ये 10 दिन की फॉरेन ट्रिप के वाउचर्स हैं ।

मैंने आपके लिए आपकी पत्नी ले लिए आपके फॅमिली के लिए बच्चो के लिए आप के लिए ले कर के आया हु आपके लिए सरप्राइज है जाओ घूम कर के आओ वैसे भी तुम्हारी मम्मी के जाने के बाद तुम उदाश रहते हो मुझे लगता है ।

की तुम बारे परेशान रहते हो तुम्हारा मन हल्का हो जाएगा बच्चो को अच्छा लगेगा जाओ घूम कर के आओ तो 10 दिन के लिए ऑनक्ल जी अपने बच्चों को फॉरेन ट्रिप पे भेज देते हैं और उसके बाद ऑनक्ल जी असली खेल करते हैं ।

जिस माकन में आशीष रेह रहा था उस 6 करोड़ क्र माकन को 3 करोड़ में बेच कर के अपने लिए एक छोटा सा घर ले लेते है और आशीष का सारा सामान एक किराए पे माकन लेते है और शिफ्ट करवा देतें हैं।

आशीष जब 10 दिन के घूम कर के वापस अपने घर आता है तो उसके घर के दरवाजे पे एक बड़ा सा ताला लगा होता है और बाहर एक गार्ड बैठा हुआ होता है तो आशीष बोलता है।

ये ताला किसने लगाया मेरे पापा कहा गए तो गार्ड ने बोला क्यों परेशान हो रहे हो मुझे बोल कर के गए है बात करवा देना तो आशीष बोलता है तुम क्या बात करवाओगे मैं बात करता हु तो कॉल लगता है कॉल नहीं लगता है ।

तो गार्ड बोलता है साहब ये नंबर नहीं लगेगा साहब मुझे दूसरा नंबर लिखवा कर के गए हैं गार्ड जाता है अंदर अपने केबिन में एक छोटी सी पर्ची पे नंबर होता है कॉल करता है और आशीष को उसके पिता से बात करवाता है ।

तो जब आशीष बात करता है तो बोलता है पापा ये क्या तरीका है यहाँ पे ताला लगा हुआ है ये च्चे कहा खरे होंगे हम बरे परेशान हो रहे हैं तो उसके बाद उसके पिता बोलते है अच्छा बेटे तुम बस 15 मिनट रुकना मैं आरहा हु 15 मिनट के बाद एक गाड़ी आती है गाड़ी में से ऑनक्ल जी

उतरते है ऑनक्ल जी जा कर के बोलते है बेटा ये पकरो चाभी इस माकन में तुम्हारा सरा सामान शिफ्ट करवा दिया है ।

एक साल का किराया दे दिया है अब तुम्हारी पत्नी को जैसे तुम्हे रखना है रखो मुझे परेशान मत करो तो आशीष पूछता है की पापा आप कहा रहेंगे तो ऑनक्ल जी बोलते है बेटा मैंने तो अपने लिए एक छोटा घर खरीद लिया है ।

मैं उसमे खुश हु आप तुम्हे जैसे रहना रहो। छोटी सी कहानी बहुत बरी बात सिखाती है लाइफ में पेरेंट्स की हमेसा कदर करना इसे पहले की पेरेंट्स आपकी कदर करना बंद करदे और वैसे भी पेरेंट्स आपका कदर करना कभी भी बंद नहीं करेंगे इस लिए उन्हें कभी भी उन्हें दुखी मत करना।

13
मोटिवेटेड कैसे रहे ?

मुझे यहाँ बोलने का मौका देने के लिए आप सभी का धन्यवाद. ये दिन आपके बारे में है. आप, जो कि अपने घर के आराम और कुछ cases में दिक्कतों को छोड़ के इस college में आए हैं ताकि ज़िन्दगी में आप कुछ बन सकें. मैं sure हूँ कि आप excited हैं. ज़िन्दगी में ऐसे कुछ ही दिन होते हैं जब इंसान सच -मुच बहुत खुश होता है । College का पहला दिन उन्ही में से एक है ।

जब आज आप तैयार हो रहे थे, आपके पेट में हलचल सी हुई होगी. Auditorium कैसा होगा, teachers कैसे होंगे, मेरे नए classmates कौन होंगे —इतना कुछ है curious होने के लिए... मैं इसे excitement कहता हूँ, आपके अन्दर कि चिंगारी (spark) जो आपको एकदम जिंदादिल feel कराती है. आज मैं आपसे इस चिंगारी को जलाये रखने के बारे में बात करने आया हूँ. या दुसरे शब्दों में - इस चिंगारी कि शुरआत कहाँ से होती है ?

मुझे लगता है हम इसके साथ पैदा होते हैं. मेरे 3 साल के जुड़वाँ बच्चों में million sparks हैं. वो Spider-man का एक छोटा सा खिलौना देख के बिस्तर से कूद पड़ते हैं. Park में झूला झूल के वो thrilled हो जाते हैं. पापा से एक कहानी सुनके उनमे उत्तेजना भर जाती है. अपना Birthday आने के महीनो पहले से वो उलटी गिनती करना शुरू कर देते हैं कि उस दिन cake काटने को मिलेगा ।

मैं आप जैसे students को देखता हूँ और मुझे आपके अन्दर भी कुछ spark नज़र आता है. पर जब मैं और बड़े लोगों को देखता हूँ तो वो मुश्किल से ही नज़र आता है. इसका मतलब, जैसे -जैसे हमारी उम्र बढती है, spark कम होते जाते हैं. ऐसे लोग जिनमे ये चिंगारी बिलकुल ही ख़तम हो जाती है वो मायूस, लक्ष्यरहित और कड़वे हो जाते हैं. Jab We met के पहले half की करीना और दुसरे half की Kareena याद है ना? चिंगारी बुझ जाने पे यही होता है । तो भला इस Spark को बचाएँ कैसे ?

Spark को दिए की लौ की तरह imagine कीजिये. सबसे पहले उसे nurture करने की ज़रुरत है — उसे लगातार इंधन देने की ज़रुरत है. दूसरा, उसे आंधी-तूफ़ान से बचाने की ज़रुरत है ।

Nurture करने के लिए, <u>हमेशा लक्ष्य बनाएं ।</u> यह इंसान कि प्रविति होती है कि वह कोशिश करे, सुधार लाये और जो best achieve कर सकता है उसे achieve करे. दरअसल इसी को Success कहते हैं. यह वो है जो आपके लिए संभव है । ये कोई बाहरी माप - दंड नहीं है – जैसे company द्वारा दिया गया Package, कोई car या कोई घर ।

हममे से ज्यदातर लोग middle-class family से हैं. हमारे लिए, भौतिक सुख -सुविधाएं सफलता की सूचक होती हैं, और सही भी है. जब आप बड़े हो जाते हैं और पैसा रोज़ -मर्रा कि ज़रूरतों को पूरा करने के लिए ज़रूरी हो जाता है, तो ऐसे में financial freedom होना एक बड़ी achievement है ।

लेकिन यह ज़िन्दगी का मकसद नहीं है. अगर ऐसा होता तो <u>Mr. Ambani</u> काम पर नहीं जाते. <u>Shah Rukh Khan</u> घर रहते और और -ज्यादा dance नहीं करते. <u>Steve Jobs</u> और भी अच्छा iPhone बनाने के लिए मेहनत नहीं करते, क्योंकि Pixar बेच कर already उन्हें कई billion dollars मिल चुके हैं. वो ऐसा क्यों करते हैं? ऐसा क्या है जो हर रोज़ उन्हें काम पर ले जाता है?

वो ऐसा इसलिए करते हैं क्योंकि ये उन्हें ख़ुशी देता है. वो ऐसा इसलिए करते हैं क्योंकि ये उन्हें जिंदादिली का एहसास करता है. अपने मौजूदा स्तर में सुधार लाना आपको एक अच्छा एहसास दिलाता है.

अगर आप मेहनत से पढ़ें तो आप अपनी rank सुधार सकते हैं. अगर आप लोगों से interact करने का प्रयत्न करें तो आप interview में अच्छा करेंगे. अगर आप practice करें तो आपके cricket में सुधार आएगा. शायद आप ये भी जानते हों कि आप अभी Tendulkar नहीं बन सकते, लेकिन आप अगले स्तर पर जा सकते हैं. अगले level पे जाने के लिए प्रयास करना ज़रूरी है ।

प्रकृति ने हमें अनेकों genes के संयोग और विभिन्न परिस्थितियों के हिसाब से design किया है. खुश रहने के लिए हमें इसे accept करना होगा, और प्रकृति कि इस design का अधिक से अधिक लाभ उठाना होगा. ऐसा करने में Goals आपकी मदद करेंगे ।

अपने लिए सिर्फ career या academic goals ही ना बनाएं. ऐसे goals बनाएं जो आपको एक balanced और successful life दे. अपने break-up के दिन promotion पाने का कोई मतलब नहीं है. कार चलाने में कोई मज़ा नहीं है अगर आपके पीठ में दर्द हो । दिमाग tension से भरा हो तो भला shopping करने में क्या ख़ुशी होगी ?

आपने ज़रूर कुछ quotes पढ़े होंगे — ज़िन्दगी एक कठिन race है, ये एक marathon है या कुछ और. नहीं ऐसा नहीं है, जो मैंने आज तक देखा है-

ज़िन्दगीnursery schools मेंहोनेवालीउसrace कीतरहहैजिसमेआपचम्मचमेंरखेमार्बलकोअपनेमुंहमेंदबाकरदौड़तेहैं. अगरमार्बलगिरजायेतोदौड़मेंfirst आनेकाकोईअर्थनहींहै।

ऐसा ही ज़िन्दगी के साथ है जहाँ सेहत और रिश्ते उस मार्बल का प्रतीक हैं. आपका प्रयास तभी सार्थक है जब तक वो आपके जीवन में सामंजस्य लाता है.नहीं तो, आप भले ही सफल हो जायें, लेकिन ये चिंगारी, ये excited और जिंदा होने की feeling धीरे – धीरे मरने लगेगी!

Spark को nurture करने के बारे में एक आखिरी चीज —ज़िन्दगी को संजीदगी से ना लें don't take life seriously. मेरे एक <u>योगा</u> teacher class के दौरान students को हंसाते थे. एक student ने पूछा कि क्या इन Jokes कि वजह से योगा practice का समय व्यर्थ नहीं

होता? तब teacher ने कहा – "Don't be serious be sincere."

तबसे इस Quote ने मेरा काम define किया है. चाहे वो मेरा लेखन हो, मेरी नौकरी हो, मेरे रिश्ते हों या कोई और लक्ष्य. मुझे अपनी writings पर रोज़ हज़ारों लोगों के opinions मिलते हैं. कहीं खूब प्रशंसा होती है कहीं खूब आलोचना. अगर मैं इन सबको seriously ले लूं, तो लिखूंगा कैसे? या फिर, जीऊंगा कैसे ?

*ज़िन्दगीगीगंभीरतासेलेनेकेलिएनहींहै, हमसबयहाँ*temporary हैं. *हमसबएक*pre-paid card *कीतरहहैंजिसकी*limited validity है.

अगर हम भाग्यशाली हैं तो शयद हम अगले पचास साल और जी लें. और 50 साल यानि सिर्फ 2500 weekends.क्या हमें सचमुच अपने आप को काम में डुबो देना चाहिए? कुछ classes bunk करना, कुछ papers में कम score करना, कुछ interviews ना निकाल पाना, काम से छुट्टी लेना, प्यार में पड़ना, spouse से छोटे -मोटे झगड़े होना...सब ठीक है...हम सभी इंसान हैं, programmed devices नहीं ।

मैंने आपसे तीन चीजें बतायीं – reasonable goals, balance और ज़िन्दगी को बहुत seriously नहीं लेना – जो spark को nurture करेंगी ।

लेकिन ज़िन्दगी में चार बड़े तूफ़ान आपके दिए को बुझाने की कोशिश करेंगे. इनसे बचने बहुत ज़रूरी है. ये हैं निराशा (disappointment),कुंठा (frustration), अन्याय (unfairness) और जीवन में कोई उद्देश्य ना होना (loneliness of purpose.)

निराशा तब होगी जब आपके प्रयत्न आपको मनचाहा result ना दे पाएं. जब चीजें आपके प्लान के मुताबिक ना हों या जब आप असफल हो जायें. Failure को handle करना बहुत कठिन है, लेकिन जो कर ले जाता है वो और भी मजबूत हो कर निकलता है. इस failure से मुझे क्या सीख मिली? इस प्रश्न को खुद से पूछना चाहिए. आप बहुत असहाय feel करेंगे, आप सबकुछ छोड़ देना चाहेंगे जैसा कि मैंने चाहा था, जब मेरी पहली book को 9 publishers ने reject कर दिया था । कुछ IITians low-grades की वजह से खुद को ख़तम कर लेते हैं, ये कितनी बड़ी बेवकूफी है? पर इस बात को समझा जा सकता है कि failure आपको

किस हद तक hurt कर सकता है ।

पर ये ज़िन्दगी है. अगर चुनौतियों से हमेशा पार पाया जा सकता तो, तो चुनौतियाँ चुनौतियाँ नहीं रह जातीं. और याद रखिये — अगर आप किसी चीज में fail हो रहे हैं,तो इसका मतलब आप अपनी सीमा या क्षमता तक पहुँच रहे हैं. और यहीं आप होना चाहते हैं ।

Disappointment का भाई है frustration, दूसरा तूफ़ान. क्या आप कभी frustrate हुए हैं? ये तब होता है जब चीजें अटक जाती हैं. यह भारत में विशेष रूप से प्रासंगिक है. ट्राफिक जाम से से लेकर अपने लायक job पाने तक. कभी-कभी चीजें इतना वक़्त लेती हैं कि आपको पता नहीं चलता कि आपने अपने लिए सही लक्ष्य निर्धारित किये हैं.

Books लिखने के बाद, मैंने short video के लिखने का लक्ष्य बनाया, मुझे लगा उन्हें writers की ज़रुरत है । मुझे लोग बहुत भाग्यशाली मानते हैं पर मुझे अपनी पहली Video release के करीब पहुँचने में पांच साल लग गए ।

Frustration excitement को ख़त्म करता है, और आपकी उर्जा को नकारात्मकता में बदल देता है, और आपको कडवा बना देता है. मैं इससे कैसे deal करता हूँ?

लगने वाले समय का realistic अनुमान लगा के.. भले ही movie देखने में कम समय लगता हो पर उसे बनाने में काफी समय लगता है, end-result के बजाय उस result तक पहुँचने के प्रोसेस को एन्जॉय करना, मैं कम से कम script-writing तो सीख रहा था, और बतौर एक side-plan मेरे पास अपनी तीसरी किताब लिखने को भी थी और इसके आलावा दोस्त, खाना-पीना, घूमना ये सब कुछ frustration से पार पाने में मदद करती हैं ।

*याद रखिये, किसीभीचीजको*seriously *नहींलेनाहै.* Frustration, *कहींनाकहींएकइशाराहैकिआपचीजोंकोबहुत*seriously *लेरहेहैं.*

Unfairness (अन्याय) – इससे deal करना सबसे मुश्किल है, लेकिन दुर्भाग्य से अपने देश में ऐसे ही काम होता है. जिनके connections होते हैं, बड़े बाप होते हैं, खूबसूरत चेहरे होते हैं,वंशावली (pedigree) होती है, उन्हें सिर्फ Bollywood में ही नहीं बल्कि हर जगह

आसानी होती है. और कभी -कभी यह महज luck की बात होती है ।

India में बहुत कम opportunities हैं, इसलिए कुछ होने के लिए सारे ग्रह-नक्षत्रों को सही स्थिति में होना होगा. Short-term में मिलने वाली उपलब्धियां भले ही आपकी merit और hard –work के हिसाब से ना हों पर long-term में ये ज़रूर उस हिसाब से होंगी, अंततः चीजें work-out करती हैं. पर इस बात को समझिये कि कुछ लोग आपसे lucky होंगे ।

दरअसल अगर Indian standards के हिसाब से देखा जाये तो आपको College में पढने का अवसर मिलना, और आपके अन्दर इस भाषण को English में समझने की काबिलियत होना आपको काफी lucky बनाता है. हमारे पास जो है हमें उसके लिए एहसानमंद होना चाहिए, और जो नहीं है उसे accept करने की हमारे अन्दर शक्ति होनी चाहिए ।

मुझे अपने readers से इतना प्यार मिलता है कि दुसरे writers उसके बारे में सोच भी नहीं सकते । पर मुझे साहित्यिक प्रशंशा नहीं मिलती है. मैं Aishwarya Rai की तरह नहीं दीखता हूँ पर मैं समझता हूँ कि मेरे दोनों बेटे उनसे ज्यादा खूबसूरत हैं । It is OK. Unfairness को अपने अन्दर कि चिंगारी को बुझाने मत दीजिये । और आखिरी चीज जो आपके spark को ख़तम कर सकती है वो है Isolation (औरों से अलग होने की स्थिति) ।

आप जैसे जैसे बड़े होंगे आपको realize होगा कि आप unique हैं. जब आप छोटे होते हैं तो सभी को ice-cream और spider-man अच्छे लगते हैं. जब आप college में जाते हैं तो भी आप बहुत हद तक अपने बाकी दोस्तों की तरह ही होते हैं. लेकिन दस साल बाद आपको पता लगता है कि आप unique हैं. आप जो चाहते हैं, आप जिस चीज में विश्वास रखते हैं, वो आपके सबसे करीबी लोगों से भी अलग हो सकती है. इस वजह से conflict हो सकती हैं क्योंकि आपके goals दूसरों से match नहीं करते. और आप शायद उनमे से कुछ को drop कर दें.

College में Basketball के कप्तान रह चुके, दूसरा बच्चा होते -होते ये खेल खेलना छोड़ देते हैं. जो चीज उन्हें इतनी पसंद थी वो उसे छोड़

देते हैं. ऐसा वो अपनी family के लिए करते हैं. पर ऐसा करने में Spark ख़तम हो जाता है. कभी भी ऐसा compromise ना करें. पहले <u>खुद को प्यार करें</u> फिर दूसरों को। मैंने आपको चारों thunderstorms – disappointment, frustration, unfairness and isolation के बारे में बताया. आप इनको avoid नहीं कर सकते, मानसून की तरह ये भी आपके जीवन में बार -बार आते रहेंगे. आपको बस अपना raincoat तैयार रखना है ताकि आपके अन्दर कि चिंगारी बुझने ना पाए ।

मैं एक बार फिर आपका आपके जीवन के सबसे अच्छे समय में स्वागत करता हूँ. अगर कोई मुझे समय में वापस जाने का option दे तो निश्चित रूप से मैं college वापस जाना चाहूँगा. मैं ये आशा करता हूँ कि दस साल बाद भी, आपकी आँखों में वही चमक होगी जो आज है, I hope कि आप अपने अन्दर की चिंगारी को सिर्फ college में ही नहीं बल्कि अगले 2500 weekends तक ज़िन्दा रखेंगे. और मैं आशा करता हूँ कि सिर्फ आप ही नहीं बल्कि पूरा देश इस चिंगारी को ज़िन्दा रखेगा, क्योंकि इतिहास में किसी भी और पल से ज्यादा अब इसकी ज़रुरत है ।

14

टालमटोल की आदत से छुटकारा

Procrastination हममें से बहुतों के लिए एक बहुत बड़ा चैलेंज है। यह न केवल आपकी प्रोडक्टिविटी को प्रभावित करता है बल्कि यह बहुत अधिक तनाव भी उत्पन्न करता है, जब आप काम के आखिरी मिनटों में अपनी महत्वपूर्ण डेडलाइन को पूर्ण कर रहे होते हैं। इस लेख में आप 5 आसान टिप्स जानेंगे कि कैसे अपनी टालमटोल की आदत से छुटकारा पाएं। (How to Stop Procrastination in Hindi) इससे आपको आपकी प्रोडक्टिविटी को इम्प्रूव करने में मदद मिलेगी।

1. जानें कि क्यों आप काम को टालते हैं।

Procrastination की जड़ को पहचानना अति आवश्यक है। हम सब जीवन में बहुत सी चीजों पर विचार करते हैं, परंतु यदि आप उन पर आधारभूत स्तर पर काम करना चाहते हैं तो आपको मूल कारण को समझना होगा।

टालमटोल के बहुत से कारण हो सकते हैं। उन सभी पर चर्चा बहुत ही लंबा विषय है। यहां हम Procrastination के कुछ प्रमुख कारणों के बारे में बता रहें हैं, आखिर क्यों लोग चीजों को बार-बार टालते हैं।

• डर – *Fear*

एक चीज जो मुझे लगता है कि बहुत से लोग सामना करते हैं वह है "डर"। लोगों के मन का भय Procrastination के मूल कारणों में से एक है। इसे कुछ उदाहरण से समझते हैं।

a. हार का डर

बहुत से लोग काम की शुरुआत सिर्फ इसलिए नहीं करते, क्योंकि उन्हें भय होता है कि वे फेल हो सकते हैं।

इसका एक अच्छा उदाहरण वे लोग होंगे जिन्हें परीक्षा के लिए अध्ययन करने की आवश्यकता है लेकिन वे इसे टालते रहते हैं। क्योंकि वे जानते हैं कि वे उसमें अच्छा नहीं करेंगे, तो परेशान क्यों हों।

लोग परीक्षा के लिए अपनी पढ़ाई ही छोड़ देते हैं, क्योंकि उन्हें भय है कि कहीं वे फेल न हो जाएं। इसलिए असफलता का डर वास्तव में एक बहुत बड़ा कारण है जिसके कारण बहुत से लोग टालमटोल करते हैं।

b. गलतियों का डर

एक और कॉमन डर, गलतियां करने का डर है। यदि आपमें पूर्णतावादी प्रवृत्तियाँ हैं तो शायद यही वह भय है जो आपको पीछे धकेलता है। इससे हम सब बार-बार चीजों को टाल देते हैं, क्योंकि हमें भय होता है कि कहीं हमसे गलतियां न हो जाएं।

इस कारण हम-

• अपने महत्वपूर्ण कार्यों को भी टाल देते हैं

• काम को लोगों के बीच लाने से भी बचते हैं।

c. असहजता का डर

एक और आम डर बेचैनी अथवा असहजता का डर है। तो मान लीजिए कि आपको वर्कआउट करने में मज़ा नहीं आता है, और आप हमेशा टालमटोल करते हैं – आप ऐसे हैं जैसे मैं इसे कल करूँगा, मैं इसे कल करूँगा। हो सकता है कि आपको असहज होने का विचार पसंद न हो। ये डर के कुछ उदाहरण हैं जो आपको रोक सकते हैं।

तो मान लीजिए कि आपको इनमें से एक डर है। आप क्या करते? डर से निपटने का सबसे अच्छा तरीका है कि इससे डटकर मुकाबला किया जाए। रुकें, चिंतन करें, इसकी जांच करें, और अपने आप से प्रश्न पूछें:

क्या यह वास्तव में एक तर्कसंगत डर है, क्या यह कुछ ऐसा है जिसे मैं अनुपात से बाहर कर रहा हूं?

ज्यादातर जब आप इन आशंकाओं के बारे में तर्कसंगत रूप से सोचते हैं, तो आप महसूस करते हैं कि वे अनुपात से बाहर हो गए हैं, वे वास्तव में उतने बुरे नहीं हैं, और यह एक तर्कहीन डर के कारण टालमटोल (Procrastinate) करने का कोई मतलब नहीं है।

2. *To Do List* को छोटा बनाएं

पर्सनली मेरे पास अगर 'टू डू लिस्ट' नहीं होता है, तो मैं कुछ भी पूर्ण नहीं कर पाता। अगर मेरे दिमाग में चीजें हैं और मैं उन्हें नहीं लिखता, तो वे मुझे वास्तविक नहीं लगते हैं, और मैं पूरे दिन बस टालता रहूंगा, और मेरा दिन ऐसे ही बीत जाता है।

विशेषतः इसीलिए मुझे रात को सोने से पूर्व एक 'टू डू लिस्ट' बनाना पसंद है। इससे मेरे पास अगले दिन के लिए एक स्पष्ट लक्ष्य होता है। अगले दिन की स्पष्ट दृष्टि (Clear Vision) होने से कार्य को टालने की संभावना भी कम होती है। जब 'टू डू लिस्ट' तैयार करने की बात आती है तो उन्हें बनाने के कई तरीके हैं।

1. लंबीलिस्ट– यदि आप 10 से 12 चीजों की लंबी लिस्ट तैयार करते हैं और उनकी प्राथमिकता तय नहीं करते तो इससे मुख्यतः दो समस्याएं हो सकती हैं।

• पहला- जब आपके पास लंबी लिस्ट होगी तो यह भारी लग सकता है, और जब चीजें अधिक होती हैं तो टालने की संभावना भी अधिक होती है।

• दूसरा- बिना प्राथमिकता की लंबी सूची में सम्भवतः महत्वपूर्ण कार्य कम ही होते हैं। इसमें आमतौर पर पहले पूर्ण किये जाने वाले कार्य होते हैं। यदि आप उन कार्यों को करेंगे जो उच्च प्राथमिकता के नहीं हैं और आसान लग रहे हैं। तो आपको लगेगा कि आपने कुछ कार्य तो कर लिया लेकिन आप उन कार्यों को नहीं किये जो आपके लिए वास्तव में महत्वपूर्ण हैं।

2. छोटीलिस्टपरन्तुअत्यंतमहत्वपूर्ण

हमेशा छोटी और अति महत्वपूर्ण कार्यों की सूची बनाएं, जिन्हें आपको दिन के दौरान पूरा करना है। इसमें तीन चीजें हो सकती हैं- पहली अत्यंत महत्वपूर्ण.... तीसरी- कम महत्वपूर्ण।

3. बड़े टास्क को टुकड़ों में तोड़ दें

जब हमारे पास ऐसे कार्य होते हैं जो बहुत लंबे होते हैं, तो उनमें कुछ घंटे या कुछ दिन लग सकते हैं, वे कार्य कठिन लग सकते हैं, और जब कुछ कठिन और भारी होता है, तो हम टालमटोल अवश्य करते हैं। तो उस Procrastination को रोकने के लिए आइए उन कार्यों को कम कठिन बनाते हैं। उदाहरण के लिए- यदि आप एक वीडियो बनाना चाहते हैं तो इससे जुड़े सभी कार्यों को छोटे भागों में बांट दें।

ये ऐसे कार्य होंगे जो 5 से 30 मिनट के भीतर खत्म होंगे। तो यह दिखने में भारी नहीं होंगे और आसानी से पूरे किए जा सकेंगे। यदि आप इन्हें छोटे भाग में बांट देते हैं तो यह पूर्ण करने में आसान हो जाता है और इसकी शुरुआत की संभावना भी अधिक रहती है।

4. अभी शुरुआत करें

इससे पहले कि आप अधिक जानें, मैं न्यूटन का एक उद्धरण कहना चाहूंगा। क्योंकि यह यहां उपयुक्त है।

"जो वस्तु विरामावस्था में है, वह विरामावस्था में रहने की प्रवृति रखेगी। और जो वस्तु जो गति में है, गति में रहने की प्रवृति रखेगी"

यह वही बात है तो टालमटोल की आदत के लिए सही है। अगर हम शुरू नहीं करते हैं, अगर हम निष्क्रिय हैं, अगर हम आराम कर रहे हैं, तो हम कभी भी कुछ नहीं करने जा रहे हैं, क्योंकि हम आराम से रहेंगे।

लेकिन एक बार जब हम शुरू कर देते हैं, एक बार जब हम गति में होते हैं, तो हमारे गति में बने रहने की संभावना अधिक होती है।

-तो ट्रिक यह है कि आप बस सबसे छोटे संभव कार्य के साथ आरंभ करें और अंततः आप उस गति को प्राप्त कर लेंगे।

5. डिस्ट्रैक्शन को अवॉइड करें।

मुझे लगता है कि जब हमारा ध्यान भटकता है तो कार्य को टालना आसान हो जाता है। इसलिए आपको यह पता लगाना होगा कि आप किस प्रकार डिस्ट्रैक्ट होते हैं। और उन रणनीतियों पर विचार करें कि कैसे आप अपने सभी डिस्ट्रैक्शन से मुक्ति पाएंगे।

आपके डिस्ट्रैक्शन का प्रमुख कारण आपका फोन या इंटरनेट हो सकता है। अथवा काम के बीच पड़ोस का शोर या अधूरे काम की चिंता भी आपको विचलित करती है।

यदि यह आपका फ़ोन है तो इसे काम करते वक्त अपने से दूर, दूसरे रूम में रख दें। अधूरे कार्यों को पूरा करके, शांत जगह पर अपने कार्य की शुरुआत करें।

यदि ऑफिस में हैं तो यह सम्भव नहीं है, इसलिए फोन को बैग में रख दें या सभी नोटिफिकेशन्स को ऑफ कर दें। इससे बिना टालमटोल (Procrastination) के फोकस के साथ काम करना आसान होगा।

15

सक्सेस के लिए खुद को कैसे बदले?

यह बताने से पहले में आपसे कहना चाहूंगा कि हम सब कितने खुशकिस्मत हैं। क्योंकि हम ऐसे युग में जी रहे हैं जिसमें हमारे चारों तरफ ऐसी संभावनाएं हैं, ऐसी तकनीक हम सब के बीच उपस्थित हैं जिनका उपयोग कर हम सब अपने सपने को पूरा कर सकते हैं।

सक्सेस पाने के लिए खुद को कैसे बदलें ?

अपने जीवन में वह सब कुछ हासिल कर सकते है जिसकी आप कल्पना करते हैं। यह इस बात पर निर्भर करता है कि आप स्वयं को कितना काबिल समझते हैं। आप अपने जीवन में बड़े लक्ष्य पर काम करना चाहते हैं, ढेर सारी कामयाबियां, खुशी और उमंग से भरा जीवन चाहते हैं, तो खुद में Change लाना होगा। अपनी क्षमताओं को जानना होगा। एक दिन में खुद को पूरी तरह से बदलना (Change yourself Completely) चुनौतिपूर्ण हो सकता है। अगर आप मेहनत करने के लिए, अपने आप को Perfect बनाने के लिए तैयार हैं तो यह संभव है ।

1.सकारात्मक सोच को विकसित करें

कहते हैं कि हमारी सोच ही हमारे जिंदगी का आईना होता है। इस दुनिया में सफल व्यक्ति वही है जो नाकामयाब लोगों से अलग और अधिक कारगर तरीके से सोचते हैं। जीवन के हर क्षेत्र जैसे रिश्ते, प्यार, लक्ष्य, समस्या आदि में Successful लोगों का नजरिया दूसरों से भिन्न होता हैं। वे अच्छे विचारों को अधिक तवज्जो देते हैं। इसी वजह से उन्हें जीवन में बेहतर Result प्राप्त होते हैं। जब आप अपने विचारों को Change करते है तो यह आपकी Life कोChange कर देता है।

सकारात्मक विचार आपके जीवन के स्तर को ऊंचा उठा देते हैं। यह आपको शक्ति प्रदान करते हैं और आत्मविश्वास को बढ़ाते हैं। जबकि नकारात्मक सोच से आप खुद को अधिक कमजोर समझते है। तथा अपने अंदर आत्मविश्वास की कमी को महसूस करते हैं

जीवन के जिस क्षेत्र में आप अपने प्रदर्शन या परिणाम को बदलना चाहते हैं उस क्षेत्र को लेकर अपनी निजी सोच को बदलें। ऐसे विचार जो आपकी क्षमताओं को कम आंकने को विवश करते हैं उनसे छुटकारा पाएं। उन्हें अपने से दूर करें।

2. अपनी एक अलग पहचान को बनाएं

आप बीमार होते हैं तो डॉक्टर के पास जाते हैं, शिक्षा प्राप्त करना चाहते हैं तो अध्यापक के पास के जाते हैं अथवा आपको किसी भी कार्य की आवश्यकता होती हैं तो आप उस कार्य से संबंधित व्यक्ति के पास जाते हैं। क्योंकि आप उन सभी को उनके कार्य से पहचाते हैं। इसी तरह आप अपनी एक अलग पहचान बनाये जिससे लोग आपको आपके काम से जाने।

आपकी जिंदगी में कामकाज का वह कौन सा क्षेत्र हैं, जिसे आप सबसे अधिक पसंद करते हैं, जिसमें अपना बेहतरीन प्रदर्शन करते हैं। उन कार्यो को पहचाने। और उस पर काम करें क्योंकि कैरियर में स्थायी सफलता, किसी काम को बहुत ही अच्छी तरह करने पर ही मिलती हैं।

जब आप अपने शौक पर काम करते हैं तो बिना किसी Distraction के अधिक समय तक उस काम को कर सकते हैं।

अपनी प्रतिभा और समय को अनेक क्षेत्रों में उलझाने के बजाय एक कार्य पर ही केंद्रित रहें। अपने उस क्षेत्र में महारत हासिल करें। तथा अन्य लोगों से श्रेष्ठतम कार्य करके अपनी एक अलग पहचान बनाएं।

3. उन आदतों को अपनाये जो लक्ष्य प्राप्ति में आपकी मदद करें

हमारी आदतों का हम सब के जीवन पर गहरा प्रभाव होता हैं। आपके आज की आदत ही यह सुनिश्चित करती हैं कि आप कल किस स्थान पर होंगे, अपने कैरियर में किस ऊंचाई पर होंगे। अपने जीवन की डोर को अपने हाथ में लेने के लिए उन आदतों से मुक्ति पाएं जो आपको आपके Career और Success की राह में बाधा डालते हैं। उन सभी बुरी आदतों को बदलें जो आपको लक्ष्य से पीछे धकेलती है। उनकी एक लिस्ट बनाएं और एक-एक करके उन्हें बदलने पर काम करें।

4. खुद को बेहतर बनायें

खुद को बेहतरीन अंदाज़ में लोगो के सामने पेश करने के लिए खुद पर काम करें। अपने पहनावे को बदलिए, नई हेयरस्टाइल को आजमाइये। अपने लुक में परिवर्तन करने से आपके आत्मविश्वास का स्तर बढ़ जायेगा।

अपने वातावरण में बदलाव लाएं। यह आपके माइंडसेट को बदलने और ताजगी महसूस कराने में मददगार साबित होता है। अपने घर को साफ करें, कमरे को व्यवस्थित कर एक नया लुक दें। छोटे-छोटे बदलाव करके बड़े बदलाव के लिए खुद को तैयार करें।

दिन की शुरुआत में एक्सरसाइज और ध्यान करने की आदत विकसित करें। अगर आप करते हैं तो बहुत अच्छी बात है। नहीं करते तो इसे अपने दिनचर्या में जरूर शामिल करें। जीवन में बदलाव लाने के

लिए शरीर का स्वस्थ होना और मन का शांत होना अतिआवश्यक हैं।

5. अपने अंदर के डर को जीतें। (Conquer the fear inside you)

जब लोग किसी लक्ष्य पर काम करने की सोचते हैं तो असफलता के डर से पीछे हट जाते हैं। परन्तु आप प्रबल इच्छा और ज्ञान के साथ शुरू करते हैं तो डर पर विजय पाना आसान है। अगर आप शिद्दत से किसी चीज को हासिल करना चाहते हैं तो आपके कुछ भी हासिल करने की कोई सीमा नहीं हैं।

आप जिस क्षेत्र में सफल होना चाहते हैं। उसके बारे में अधिकतम ज्ञान प्राप्त करें, संबंधित किताबें बढ़े, संभव हो तो कोर्स जॉइन करें। जब आप किसी चीज पर अधिक अध्ययन करते हैं तो उससे कुछ प्राप्त करने की आपकी इच्छा बढ़ जाती हैं। ज्ञान और इच्छा हासिल होने पर आपका भय 'साहस और आत्मविश्वास' में बदल जाता है।

6. कम्फर्ट जोन से बाहर निकलें

बहुत से लोग जीवन को बदलने के लिए बड़े- बड़े लक्ष्य बनाते है। बड़ी बातें करते हैं। लेकिन सफल वही होता है जो अपने द्वारा बनाये लक्ष्यों पर काम करता है, जो अपनी पुरानी जिंदगी से बाहर निकल कर नई संभावनाओं को तलाशता है उसे प्राप्त करने के लिए मेहनत करता है।

लोग अपनी रोजमर्रा की जिंदगी से इस तरह जकड़ जाते हैं कि उससे निकलना मुश्किल हो जाता है। इसलिए जरूरी है कि सफलता के सबसे बड़े दुश्मन यानी अपने कम्फर्ट जोन से बाहर निकलें, नई संभावनाएं तलाशें, बेहतर कल के लिए लक्ष्य बनाए और उसे प्राप्त करने के लिए उचित कदम उठाएं।

7. विश्वसनीय लोगों से संपर्क रखें

जिस तरह आपकी सोच आपके पूरे जीवन को प्रभावित करती हैं ठीक उसी तरह लोगों का साथ आपके जीवन पर गहरा असर छोड़ता हैं। आपकी की सोच वैसी ही होती है जिस तरह के लोगों के साथ आप अपना

अधिकतम वक्त गुजराते हैं। जीवन मे कुछ अच्छा अचीव करने के लिए अपने दोस्तों की लिस्ट में ऐसे लोगों को शामिल करें जो सकारात्मक एवं रचनात्मक सोच के हो।

ऐसे लोग आपको आगे बढ़ने में आपकी मदद करते हैं। आप उनके साथ अपने विचारों और अनुभव को साझा कर एक दूसरे से नया सीख सकते हैं। सलाह ले सकते हैं। कभी ऐसा भी हो सकता है कि किसी अन्य व्यक्ति के द्वारा बताए गए एक बेहतरीन विचार से ही आपकी जिंदगी की दिशा बदल जाय।

8. समय का सही उपयोग करें

कहते हैं कि समय किसी का इंतजार नहीं करता। समय ही आपके जीवन का सबसे महत्वपूर्ण दौलत हैं। आप एक आनंदमय जीवन का लुत्फ नहीं उठा सकते अगर आप ऐसे लोगों के साथ रिश्तों में अथवा ऐसी गतिविधियों में समय को नष्ट कर रहे हैं, जो आपके जीवन को आगे बढ़ाने में आपकी थोड़ी भी मदद नहीं कर सकते।

आपके पास सीमित समय है, लाख कोशिशों के बाद भी इसकी मात्रा को बढ़ाया नहीं जा सकता। समय के सही उपयोग के लिए आपको ऐसी सभी गतिविधियों को कम , अपनी पहुंच से दूर और पूरी तरह से खत्म कर देना चाहिए जो समय के सर्वश्रेष्ठ उपयोग के लिए उचित न हो।

9. जीवन में परिवर्तन के स्तर को निश्चित करें

जीवन के जिस भी क्षेत्र में आप सुधार करना चाहते हैं तो पहले उस क्षेत्र में अपनी वर्तमान स्थिति को पता करें। उदाहरण के लिए- अगर आप अपना वजन कम या ज्यादा करना चाहते हैं तो सबसे पहले अपने वजन को नापें। इसे आधार मानकर अपने निश्चित वजन को बढाने पर काम कर सकते हैं।

इसी तरह आप जीवन के अन्य क्षेत्रों में जो बदलाव चाहते हैं सर्वप्रथम उन सब की एक सूची बनाएं, हर उस बात को उसमे लिख दें,

जो कि जिंदगी में पाना या बनना चाहते हैं।

अपने आदर्श जीवन की स्पष्ट रूपरेखा तैयार करें। किस प्रकार अपना जीवन व्यतीत करना चाहते हैं, आप क्या हासिल करना चाहते हैं। अगर आप सफल इंसान बन जाते है तो आप अपने अंदर किन गुणों को देखना चाहते है। अपने व्यवहार व गुणों को जाने और जीवन में शामिल करने का प्रयास करें।

10. अपनी मंजिल खुद तय करें

जब आप किसी नए काम को करने के लिए विचार करते हैं तो इस बात की चिंता कभी न करे कि लोग क्या कहेंगे। दोस्त हकीकत तो यह है कोई भी व्यक्ति आपके बारे में कुछ भी नहीं सोच रहा है। अपनी जिंदगी के मुखिया आप हैं, और आपके जिंदगी से जुड़े हर महत्वपूर्ण फ़ैसलों पर आपसे ज्यादा कोई भी इंसान चिंता नहीं करता।

खुद के प्रति ईमानदार बने, अपनी कमजोरियों और अपनी ताकत को पहचानें। अपने जीवन का सबसे महत्वपूर्ण लक्ष्य बनाए। इसे प्राप्त करने के लिए खुद को इसके लायक बनाये। उसे हासिल करने की समय-सीमा निर्धारित कर लें और जीवन के लक्ष्य को हासिल करें।

दोस्तों जीवन में परिवर्तन सिर्फ कुछ दिन काम करने से नहीं आता। बदलाव लाने के लिए हमें अपनी जीवनशैली में परिवर्तन करना होता है। इसके लिए दैनिक समर्पण की आवश्यकता होती है, जब तक नई आदतें पुराने की जगह नहीं लेती।

16

सपने पूरे करो पर जिंदगी को अधूरा मत छोड़ो

ये बात मुझे छू गयी मैं अपने बारे में सोचने लगा, महसूस हुआ कि मैंने भी अपने सपनो अपने dreams के चक्कर में कहीं न कहीं ज़िन्दगी को मिस किया है ।

मैंने अपने जीवन में बड़े-बड़े सपने देखे..और भगवान् (माता – पिता) की दया से मैंने उन्हें पूरा भी किया...लेकिन उस दौरान मैं अपने काम में इतना डूबा रहा कि कहीं न कहीं मैंने life को miss किया है... ऐसे कई मौकों पर जब मुझे कुछ और करना चाहिए था मैं सपनो के पीछे ही पड़ा रहा , एक सपना पूरा हुआ तो दूसरे के पीछे...दूसरा पूरा हुआ तो तीसरे के पीछे , पर पिछले 1-2 सालों से मैंने work life balance की importance को समझा है और ऐसा करना छोड़ दिया है...नहीं मैंने सपने देखना नहीं छोड़ा है..बस मैंने उन सपनो के पीछे ज़िन्दगी miss करना छोड़ दिया है , यानि अब ज़िन्दगी भी जी जायेगी और सपने भी पूरे होंगे ।

दोस्तों, सपने देखना , लक्ष्य बनाना और उनके लिए पूरी तरह से dedicated होना ठीक है पर अगर इनकी वजह से हम अपने बच्चों के साथ खेलना, अपने माँ-बाप को टाइम देना और अपने life-partner का ध्यान रखना छोड़ देते हैं तो ये गलत है ।

याद रखिये ज़िन्दगी के अंत में किसी भी material चीज से ज्यादा रिश्ते मायने रखते हैं... वो पल मायने रखते हैं जो हमने अपने loved ones के साथ सुख-दुःख में गुजारे हों. और ये बात एक दिन सबको समझ आती है लेकिन हम इसे जितना जल्दी realize कर लें उतना अच्छा है ।

आज technological advancement की वजह से हम कभी भी किसी से face to face बात कर सकते हैं....हम कुछ ही घंटों में उसके पास पहुँच सकते हैं, इस हिसाब से तो पहले की अपेक्षा आज हमें एक-दूसरे के ज्यादा करीब होना चाहिए था.....पर आज हम हर किसी से दूर होते जा रहे हैं...अपने दोस्तों से...अपने रिश्तेदारों से यहाँ तक की अपने बीवी और बच्चों से भी...

It is like human beings are not being human....they are being inhuman.

पहलेहमारीज़िन्दगीबीततीथी...

आजवोभागतीहै...

पहलेहमपूरेमोहल्लेकोजानतेथे....

आजयेभीनहींपताकीदोघरछोड़केकौनरहताहै...

पहलेहमथोड़ेमेंहीज्यादाखुशथे...

आजहमज्यादामेंभीथोड़ाखुशहैं...

इस तरह से जीते हुए अगर हम अपने सपने पूरे कर भी लेते हैं तो हमारे साथ हमारी खुशियाँ बांटने वाला कोई नहीं होगा... in fact उस समय हमें एहसास होगा कि हमने जो पाया है... वो उसकी तुलना में कुछ भी नहीं... जो हमने खोया है ! इसलिए....आज से ही अपनी ज़िन्दगी को बदलिए.

Work-life balance को सिर्फ एक bookish concept मत रहने दीजिये उसे अपने जीवन की वास्तविकता बनाइये. करिए खूब काम

करिए लेकिन जिनके लिए आप वो काम कर रहे हैं उन्हें तो मत भूल
जाइए ।

17

फल होना है तो खुद पर करो इन्वेस्ट

क्या आप चाहते हैं – आपकी लाइफ की क्वालिटी बढ़े , आप अपने कार्यों से कुछ नया सीखें , आपकी मंथली इनकम बढ़ जाए , आपका शरीर और माइंड हेल्दी रहे , समाज में आपकी अच्छी पहचान बने ये सारी चीजें आपको मिल सकती हैं। लेकिन कैसे? आइये इसका उत्तर जानते हैं-

सामान्य जीवन का यह नियम है कि कुछ पाने से पहले हमें कुछ देना होता है, यानी कुछ रिटर्न चाहिए तो इन्वेस्टमेंट तो करनी पड़ेगी । अधिकतर लोग इन्वेस्टमेंट का मतलब केवल पैसे को बैंक, म्यूच्यूअल फंड, शेयर मार्केट या रियल एस्टेट आदि में इन्वेस्ट करना ही समझते हैं। पर इन्वेस्टमेंट का यह नजरिया छोटा है , हमें अपने नजरिये को कुछ और डीप करना होगा। हमें अपना पैसा और समय किसी ऐसी जगह इन्वेस्ट करना होगा जहाँ से हमें वो चीजें मिल सकें जिन्हें हम चाहते हैं ।

तो ऐसी कौन सी जगह है जहाँ इन्वेस्ट करके हम ऊपर बताये गए एक्स्ट्रा रिटर्न मिल सकते हैं ?

दोस्तों, वो जगह कोई और नहीं बल्कि *आपखुदहैं।* जी हां! आप खुद वह जगह हैं जहाँ यदि आप पैसे और समय को इन्वेस्ट करते हैं तो आपको

वह सभी रिटर्न या फायदे मिल सकते हैं जो ऊपर बताये गए हैं । पर कैसे ? आइये बताता,हूँ: आपको अपने शरीर और माइंड पर अपना कुछ समय और पैसा लगाना होगा जिसके अनलिमिटेड फायदे आपको मिल सकते हैं। आप खुद पर यदि सही से इन्वेस्ट करना सीख गए तो आप अपने जीवन में जो चाहो वह प्राप्त कर सकते हो।

आइये अब मैं आपको कुछ ऐसे खुद पर इन्वेस्ट करने के तरीके बताता हूँ जिसकी सहायता से आपको ऐसा रिटर्न मिलाना शुरू होगा जो लाइफटाइम चलेगा।

1. अच्छीकिताबोंपरइन्वेस्टकीजिये

किताबें हमारी सबसे अच्छी दोस्त होती हैं। ऐसी दोस्त जो कभी धोखा नहीं देतीं और हमेशा हमें सही रास्ता बताती हैं। अधिकतर सफल लोग किताबें लिखते हैं और उनमे अपने जीवन की हर वो बात लिखते हैं जो आपकी वैल्यू को बढ़ा सकती है। सफल लोगों के पूरे जीवन का निचोड़ किताबों में होता है। किताबें हमें उन मूल्यों को सिखाती हैं जो हम अपने अनुभव से नहीं सीख सकते। इसलिए आप किताबों पर इन्वेस्ट कीजिये, उन्हें पढ़िए, उनके मूल्यों को जीवन में अप्लाई कीजिये।

2. सेमिनारऔरवेबिनारजॉइनकीजिये

खुद पर इन्वेस्ट करने का यह एक बेहतरीन तरीका है। आप जिस फील्ड में हैं या जिस भी फील्ड में अपना करियर बनाना चाहते हैं उससे रिलेटेड सेमिनार जॉइन कर सकते हैं। आजकल तो इंटरनेट पर वेबिनार भी बहुत और अच्छी क्वालिटी के होते हैं। आप इन वेबिनार को अपने घर बैठे जॉइन कर सकते हैं। इन सेमिनार और वेबिनार से आपको वह अपडेटेड वैल्यू मिल सकती है जिस फील्ड में आप अपना ज्ञान बढ़ाना चाहते हैं।

3. ऑनलाइनकोर्समेंइन्वेस्टकीजिये

आज के समय में ऑनलाइन कोर्स अपने ज्ञान और स्किल्स को बढ़ाने का एक बहुत अच्छा सोर्स है। पहले हम समय की कमी या पैसे की कमी की वजह से खुद को वह नॉलेज नहीं दे पाते थे जिसकी वजह से हम अधिक पैसे कमा सकते थे और अपनी लाइफ की क्वालिटी को बढ़ा सकते थे। लेकिन आज आपको बहुत से ऐसे ऑनलाइन कोर्स मिल

जाएंगे को आपके बहुत काम के हैं। आप उन्हें जॉइन करके बहुत ही कम पैसों में, अपने मनपसंद समय पर, अपने मनपसंद मेंटर से सीख सकते हैं।

4. अच्छीस्किल्सपरइन्वेस्टकीजिये

कहा जाता है कि आपके पास जितनी ज्यादा स्किल्स होंगी, उतनी ज्यादा आपकी वैल्यू बढ़ जाएगी। साथ ही यह भी सच है कि कोई व्यक्ति उतना की हर महीने कमा पाता पाता है जितनी उसकी वैल्यू होती है। यदि आपको अपनी इनकम बढ़ानी है तो अच्छी और नई स्किल्स में आपको अपना पैसा इन्वेस्ट करना चाहिए।

आप अपने फील्ड से अलग कुछ नई स्किल्स सीखकर समाज में अपनी रेपोटेशन बढ़ा सकते हैं। आजकल लोग नई भाषाएँ पहले सीख रहे हैं फिर बाद में लोगों को सिखा रहे हैं। इसका मतलब वह खुद की वैल्यू भी बढ़ा रहे हैं और एक्स्ट्रा पैसा भी कमा रहे हैं।

5- पर्सनलफाइनेंसियलनॉलेजपरइन्वेस्टकीजिये

आपका खुद पर किया गया यह सबसे बड़ा, सबसे जरुरी और सबसे अधिक फायदा देने वाला इन्वेस्टमेंट होगा। करोड़ों लोग ऐसे हैं जो पैसा कमा तो लेते हैं लेकिन उसे मैनेज करना हर किसी को नहीं आता। और यह मैं पूरे कॉन्फिडेंस के साथ कह सकता हूँ कि पर्सनल फाइनेंस अच्छे से जिनको आता है वो सफलता जरूर प्राप्त करते हैं। पर्सनल फाइनेंस पर यदि आप थोड़ा भी इन्वेस्ट करते हैं तो आपको उसका कई गुना अच्छे रिजल्ट्स देखने को मिलेंगे।

याद रखिये कि पर्सनल फाइनेंस एक ऐसा खेल है जिसमे आपकी जितनी ज्यादा प्रैक्टिस होती, आप जीवन के उतने ही ज्यादा मैच जीत सकेंगे।

6. हेल्थऔररियलवेल्थ (माइंड) परइन्वेस्टकीजिये-

एक प्रसिद्द कथन है - *पहलासुखनिरोगीकाया, दूसरासुखहैमाया (पैसा)*

इस कथन में में निरोगी काया अर्थात हेल्थ को पैसे से ज्यादा वैल्यू दी गयी है। यह सच भी है क्योंकि ऊपर बताये गए सभी इन्वेस्टमेंट तभी अच्छा रिटर्न देंगे जब आपकी हेल्थ अच्छी होगी। इसलिए आपको

अपनी हेल्थ पर इन्वेस्ट करना ही चाहिए। इसके लिए आप जिम की मेंबरशिप ले सकते हैं, किसी अच्छे मेंटर से मैडिटेशन सीख सकते हैं। किसी अच्छे एक्सपर्ट से अपना डाइट चार्ट बनवा सकते हैं।

रियल हेल्थ का मतलब केवल बीमार न होना नहीं है बल्कि आपको अपनी हेल्थ ऐसी बनानी चाहिए जिससे आपका एनर्जी लेवल सामान्य व्यक्ति से ऊपर रहे और आपकी प्रोडक्टिविटी बाकि लोगों से ज्यादा हो।

दोस्तों, ऊपर बतायी गयी किसी भी चीज पर यदि आप इन्वेस्ट करते हैं तो इसका मतलब है कि आप खुद पर इन्वेस्ट करते हैं। आप इन्हीं इन्वेस्टमेंट की वजह से वह सभी कुछ हासिल कर सकते हैं जो आज तक आपका सपना है ।

18

इंटरनेट पर समय बर्बाद न करें

ज्यादातर लोग इंटरनेट को वरदान मानते हैं, लेकिन ज़्या ज़रा ठहरें, इंटरनेट अभिशाप भी साबित हो सकता है। देखिए, हर अच्छी चीज़ की तरह ही इंटरनेट का भी दुरुपयोग हो सकता है और होता है। यक़ीन न हो, तो उन माता-पिता से पूछ लें, जिनके बच्चे इंटरनेट पर घंटों तक ऑनलाइन गेम्स खेलते हैं या उन युवाओं से पूछ लें, जो घंटों तक कंप्यूटर पर अनावश्यक सर्फिंग करते रहते हैं। इसमें इंटरनेट का कोई दोष नहीं है। इंटरनेट पर तो हर प्रकार की जानकारी उपलब्ध है और यह आप पर है कि आप उसका कैसा उपयोग करते हैं। अगर आप अकारण ही पंद्रह मिनट से ज़्यादा इंटरनेट का उपयोग करते हैं, तो आपको इस बारे में सजग हो जाना चाहिए।

यदि आप समय बचाने का इरादा रखते हैं, तो इंटरनेट के ख़तरे से सावधान रहें। इसमें सर्फिंग सबसे प्रमुख जोखिम है। होता यह है कि आप इंटरनेट पर किसी काम से जाते हैं, तभी आपको कोई आकर्षक साइट दिख जाती है, कोई विज्ञापन दिख जाता है और आप उस पर क्लिक करके दूसरी ही दुनिया में पहुँच जाते हैं। समय की बर्बादी का एक और कारण यह है कि जब आप कोई जानकारी सर्च इंजन में खोजते हैं, तो आप सही तरीक़े से शब्दों का चयन नहीं करते हैं। नतीजा यह होता है

कि लाखों परिणाम स्क्रीन पर आ जाते हैं और सही जानकारी पाने में आपको बहुत समय लग जाता है। यदि आपको जानकारी खोजने का सही तरीक़ा मालूम हो और आप सर्च इंजन में सही कीवड्र्स डालें, तो आपकी मनचाही जानकारी पलक झपकते ही मिल सकती है।

आईडीसी के एक रिसर्च में यह सामने आया कि लोग, ख़ास तौर पर युवा, हर सप्ताह 33 घंटे इंटरनेट पर बिताते हैं। यानी लगभग 5 घंटे प्रतिदिन। समय का सबसे ज़्यादा उपयोग या दुरुपयोग फ़ेसबुक में होता है, जिसमें कई युवा 20 घंटे प्रति सप्ताह तक लगाते हैं। इसके बाद यूट्यूब, पोर्न साइट्स, सर्च एंजन और ईमेल में सबसे ज्यादा समय लगता है। यानी इंटरनेट का जितना भी उपयोग किया जाता है, उसमें से ज़्यादातर समय अनुपयोगी कार्यों में बर्बाद होता है। यदि आप सिर्फ़ ईमेल चेक करने के लिए इंटरनेट पर जा रहे हैं, तो आपको इसके लिए समय बर्बाद करने का जोखिम नहीं लेना चाहिए, क्योंकि यह काम तो आउटलुक एक्सप्रेस या माइक्रोसॉफ्ट आउटलुक से भी किया जा सकता है।

बेहतर यही है कि आप सबसे पहले तो यह तय करें कि आप इंटरनेट पर क्यों जाना चाहते हैं और फिर उसी साइट पर वह आवश्यक जानकारी लेकर इंटरनेट बंद कर दें। इंटरनेट के दुरुपयोग से बचने का एक और अच्छा उपाय यह है कि आप ऐसे समय उसका उपयोग करें, जिसके बाद आपको कोई अत्यावश्यक काम करना हो। इससे उसके दुरुपयोग का झंझट ही नहीं रहेगा। ख़ास तौर पर रात के समय इंटरनेट का दुरुपयोग सबसे ज़्यादा होता है और इसकी सीधी सी वजह यह है कि उस वक्त आपके पास ख़ाली समय रहता है। यदि आप रात को जल्दी सो जाएँगे, तो इंटरनेट के अलावा भी बहुत सारे फ़ालतू कामों से बच जाएँगे, इसलिए सुबह जल्दी उठने की आदत डालें और इंटरनेट पर होने वाली समय की बर्बादी के बारे में जागरूक रहें।

19

सोशल मीडिया से बचे (Facebook)

Facebook world की दूसरी सबसे ज्यादा visit की जाने वाली site है (पहली Google है) । इसे बनाने वाले दुनिया के youngest billionaire Mark Zukerberg ने भी कभी नहीं सोचा था की ये इतनी जल्दी इतनी लोकप्रिय हो जाएगी , अगर आप Facebook पे नहीं हैं तो लोग आपको आश्चर्य से देखते हैं ।

आज Facebook पे 1 billion+registered user हैं, यानि दुनिया का हर सातवाँ आदमी Facebook पे है and in all probability आप भी उन्ही में से एक होंगे . और शौक से Facebook use करते होंगे , पर जो सोचने की बात है वो ये कि क्या आप Facebook use करते ; overuse करते हैं या फिर कहीं आप इसके addict तो नहीं ।

Let's say use करने का मतलब है कि आप Facebook पर daily 1 घंटे से कम समय देते हैं , और overuse करने का मतलब है 1 घंटे से ज्यादा और हाँ , use करने से बस ये मतलब नहीं है कि आप physically system के सामने या अपने smart phone को हाथ में लेकर use करते हैं even अगर आप Facebook के बारे में सोचते हैं तो वो भी time usage में count होगा after all वो उतने देर के लिए आपका mind space occupy कर रहा है , और अगर आप सोच रहे हैं कि कहीं मैं

addict तो नहीं हूँ तो इन traits को देखिये , अगर ये आपमें हैं तो आप addict हो सकते हैं :

- आप का दिमाग अकसर इसी बात में लगा रहता है कि आपकी पोस्ट की गयी चीजों पर क्या कमेंट आया होगा, कितने लोगों ने लाइक किया होगा.
- आप बिना मतलब बार-बार फेसबुक स्क्रीन रिफ्रेश करते हैं कि कुछ नया दिख जाए.
- अगर थोड़ी देर आपका internet नहीं चला तो आप updates चेक करने साइबर कैफे चले जाते हैं या दोस्त को फ़ोन करके पूछते हैं.
- आप टॉयलेट में भी मोबाइल या लैपटॉप लेकर जाते हैं कि Facebook use कर सकें
- आप सोने जाने से पहले सभी को Good Night करते हैं और सुबह उठ कर सबसे पहले ये देखते हैं की आपकी गुड नाईट पर क्या reactions आये।

अब मैं आपको अपने usage के बारे में बताता हूँ , on an average मैं daily 10 minutes से भी कम Facebook use करता हूँ including Facebook के बारे में सोचने का time. हाँ, इसे आप under usage भी कह सकते हैं। Ideally Facebook आधे घंटे से अधिक नहीं use करना चाहिए पर फिर भी मैंने over usage को 1 घंटे से ऊपर रखा है ।

और अब आपकी बात करते हैं , आप कितनी देर Facebook use करते हैं ?

अगर ये daily 1/2 घंटे से अधिक है तो आप अपना time waste कर रहे हैं , यादी आप आप अपना बिज़नस प्रमोट कर रहे हैं, किसी social cause के लिए campaign चला रहे हैं या कोई और meaningful काम कर रहे हैं , इन cases में अपना टाइम देना worth है ।

क्या नुकसान कर सकता है Facebook का अधिक उपयोग ?

इसकी लिस्ट तो बहुत लम्बी है लेकिन मैं आपके साथ 7 ऐसे points share कर रहा हूँ, तो आइये देखते हैं इन्हें :

1) आप अनजाने में अपनी खुशी का नियंत्रण किसी दूसरों को दे देते हैं ?

कैसे ? दरअसल अब आपकी खुशी इस बात पर निर्भर करने लगती है कि Facebook पे आपकी बातों, आपकी तस्वीर (pics) को कितने लोग like कर रहे हैं, कितने लोग उसपर comments कर रहे हैं कैसे comments कर रहे हैं etc. उदाहरण के लिए आपने एक नई watch ली और उसकी तस्वीर (photo) post की Obviously आपको watch बहुत पसंद थी इसलिए आपने ली पर जब Facebook पे उसे अधिक लोग like नहीं करते और कोई उसका मज़ाक बना देता है तो आप दुखी हो जाते हैं. और उसका उल्टा भी सही है आप को कोई चीज पसंद नहीं है पर बाकी लोग उसको अच्छा कह देते हैं तो आप खुश हो जाते हैं So in a way आप अपनी खुशी का नियंत्रण अपने Facebook दोस्तो को दे देते हैं. मैं ये नहीं कहता कि ये सभी के साथ होता है पर इतना ज़रूर है कि हम कहीं न कहीं इन चीजों से इफेक्ट्स होते हैं. और लंबे समय तक ये छोटे छोटे इफेक्ट्स बड़े होते जाते हैं और हमें पता भी नहीं चलता कि हम अपना वास्तविक कहाँ छोड़ आये।

2) आपको दूसरों की Blessings और अपनी Short Comings दिखाई देने लगती है ? Facebook पर लोग generally अपनी life की अच्छी अच्छी बातें ही share करते हैं लोग अपने साथ हो रही अच्छी चीजें बताते।

वास्तविकता में आप भी ऐसा ही करते हैं, पर अन्दर ही अन्दर आप अपनी असलीयत भी जानते हैं, पर दूसरों के मामला में आप वही देखते हैं जो वो आपको दिखाते हैं, आपको उनकी नई car नज़र आती है पर उसके साथ आने वाला EMI नहीं, आपको friend का शानदार कार्यालय तो दीखता है पर उसके साथ मिलने वाली तनाव नहीं. और ऐसा होने पर आप उनकी खुशियों को अपने ग़मों से तुलना करने लगते हैं और अंत में सबसे कम महसूस करने लगते हैं। Facebook की वजह से डिप्रेशन में जाने वालों की संख्या दिन ब दिन बढती जा रही है, बस सावधान कि

आप भी इसके शिकार न हो जाएं ।

3) Real Friends और Relationships Suffer करते हैं : कई बार लोग बहुत गर्व से बताते हैं , " Facebook पे मेरे 500 मित्र हैं " मुझे यकीन है उनमे से आधे अगर सामने से गुजर जाएं तो वो उन्हें पहचान भी नहीं पायंगे . हकीकत में Facebook पे हमारे मित्र कम और परिचितों ज्यादा होते हैं . खैर ये कोई खराब बात नहीं है ...लेकिन अगर हम इन नकली रिश्ते को ज़रुरत से अधिक time देते हैं तो कहीं न कहीं हमें अपनी family और friends को जो time देना चाहिए उससे compromise करते हैं . I know हमारे close friends और relations भी Facebook पे होते हैं , but frankly speaking Facebook पर वो भी हमारे लिए आम लोगों की तरह हो जाते हैं , क्योंकि Facebook तो एक भीड़ की तरह है ...और भीड़ का कोई चेहरा नहीं होता जो सामने पड़ा Llike किया , Comment दिया और आगे बढ़ गए Individuals को Attention देना ये Facebook की आत्मा में ही नहीं है ।

4) आप Mainly Addicts से Communicate करने लगते हैं : शायद आपने Pareto principle के बारे में सुना होगा इस principle का कहना है कि 80% चीजों के लिए 20% चीजें जिम्मेदार होती हैं जैसे किसी कंपनी की 80 % sales 20% ग्राहकों की वजह से होती है । ऐसा ही कुछ Facebook पे भी होता है . 80% updates 20% लोगों द्वारा ही की जाती है . और आप बार बार उन्ही से लिंक होते रहते हैं . और मूल रूप से ये वही Addict kind of लोग होते हैं जो बस Facebook से चिपके ही रहते हैं । और ऐसे लोगों से मेलजोल करना शायद ही कभी आपको काम की चीजें बता पायेंगे , ये ज्यादातर समय की बर्बादी ही करते हैं ।

5) आपको Socially Active होने का भ्रम हो जाता है और Reality इसके उलट होती है : Facebook पे होने से कई लोग खुद को socially active समझने लगते हैं , और friends को hi -bye कर के अपना role पूरा समझ लेते हैं , धीरे -धीरे ये बिलकुल mechanical हो जाता है । आप Facebook पे तो hi करते हैं लेकिन जब उसी दोस्त से college या office में मिलते हैं तो react भी नहीं करते It is like आपकी online presence मायने रखती हो पर आपका खुद का मौजूद होना बेमानी हो ।

और जब आप ऐसे व्यवहार करते हैं तो लोग आपको avoid करने लगते हैं और कहीं न कहीं आपको fake समझने लगते हैं . यानि आपको तो लगता है कि आप सबसे touch में हैं पर इसके उलट आप अपना touch खोते जाते हैं ।

6) आपकी Health पर बुरा असर पड़ता है : Facebook पर लगे रहने से आपको फिजिकल और मेंटल दोनों तरह की प्रॉब्लम हो सकती हैं. आपकी आँखें कमजोर पड़ सकती हैं, गलत posture में बैठने से आपको स्पॉन्डिलाइटिस हो सकता है . और डिप्रेशन में जाने का खतरा तो हमेशा ही बना रहता है.

7)आप अपनी Life के सबसे Energetic Days Lazy Entertainment में लगा देते हैं : Facebook use करने वालों की demography देखी जाए तो इसे सबसे अधिक teens और twenties के young लोग use करते हैं . अगर आप इस age group से बाहर हैं तो ये point आपके लिए applicable नहीं है ।

Teenage और twenties life का वो time होता है जब आपके अन्दर energy की कोई कमी नहीं होती कभी सोचा है कि इस वक़्त भगवान् आपको सबसे अधिक energy क्यों देते है क्योंकि ये हमारे life making years होते हैं इस समय आपके सामने करने को बहुत कुछ होता है पढाई का बोझ या घर की जिम्मेदारी उठाने का Challenge अपना Career Choose करने और Competition beat करने की कशमकश अपने दिल कि सुनकर कुछ कर गुजरने की चाहत parents के सामने हाथ फैलाने की जगह उनका हाथ थामने कि जिद्द , और ये सब करने के लिए उर्जा चाहिए energy चाहिए ; but unfortunately Facebook का over usage करने वाले उसे गलत जगह invest करते हैं . जहाँ उनके पास करने को इतने ज़रूरी काम हैं वो एक कोने में बैठ कर , and in ,Most of the Cases लेट कर , अपनी life के ये Energetic days एकदम Unproductive चीज में लगा देते हैं .

Friends अंत में मैं यही कहना चाहूँगा कि Facebook एक शोर -शराबे से भरे mall की तरह है यहाँ थोडा वक़्त बीतायेंगे तो अच्छा लगेगा लेकिन अगर वहीं घर बना कर रहने लगेंगे तो आपकी ज़िन्दगी

औरों की आवाज़ के शोर में बहरी हो जाएगी . उसे बहरा मत होने दीजिय अपना Time अपनी Energy कुछ बड़ा , कुछ Valuable , कुछ शानदार करने में लगाइए और जब आप ऐसा करेंगे तो आपके इस काम को सिर्फ आपके Friends ही नही बल्कि पूरी दुनिया Like करेगी , और ऊपर वाला Comment देगा , "।

20

कुछ बुरी आदतें जो आपको जल्द छोड़ देनी चाहिए

हम सभी में अच्छी व बुरी दोनों तरह की आदतें होती हैं। अच्छी आदतें हमें बेहतर बनाती हैं, हमें ऊंचा उठती हैं और हमारे विकास के लिए भी जिम्मेदार होती हैं। जबकि बुरी आदतें हमारा नुकसान करती हैं, हमें नीचे धकेलती हैं, कभी कभी इनकी वजह से हम बुरा महसूस करने लगते हैं।

बुरी आदतें हमारे मानसिक और शारीरिक स्वास्थ्य के लिए भी अच्छे नहीं होते। इसके अलावा यह हमारे समय और ऊर्जा को भी नष्ट करते हैं। आज के लेख में हम ऐसी ही कुछ आदतों के बारे में बता रहे हैं, जो हमारे लिए नुकसानदायक साबित हो सकती है। एक अच्छी जीवनशैली के लिए हमें इन आदतों से किनारा कर लेना ही अच्छा रहता है। तो आइए जानते हैं।

1. अपनी तुलना दूसरे से करना

" Comparison is the Thief of Joy" - Theodore Roosevelt

इस आदत का सबसे ज्यादा नकारात्मक प्रभाव हमारे मानसिक स्वास्थ्य, हमारे आत्मविश्वास, जीवन की खुशियों और आनंद पर पड़ता है। जब आप अपनी तुलना दूसरे लोगों से करते हैं तो आपको अपनी खुद की क्षमताओं पर संदेह होने लगता है। आप अपनी उपलब्धियों को कम मानने लगते हैं, जिससे आपकी खुशी कम हो जाती है और आप कम हर्षित महसूस करते हैं।

इससे हम खुद को हीन समझने लगते हैं जो हमारे विकास में एक बहुत बड़ी बाधा है। आपके पास जीवन में एक अलग रास्ता है, जबकि अन्य लोगों का रास्ता अलग है। हर व्यक्ति के जीवन की यात्रा अलग-अलग है, हमारी क्षमताएं अलग हैं, हमारे अनुभव और ज्ञान भी एक दूसरे से भिन्न हैं, तो हम क्यों अपनी तुलना दूसरों से क्यों करें।

जब आपकी खुशी और संतुष्टि की भावना दूसरों से खुद की तुलना करने से मिलती है, तो आप अपने उस खुशी के मालिक नहीं हैं। इसलिए वास्तव में यह बहुत जरूरी है कि अपने मानसिक स्वास्थ्य को अच्छा बनाये रखने और आनंदपूर्ण जीवन के लिए दूसरों से खुद की तुलना बंद कर देनी चाहिए।

2. बातचीत के दौरान बार-बार फोन देखना

आजकल लोगों में यह आदत देखने को मिलती है कि जब वे किसी व्यक्ति से बात कर रहे होते हैं तो बीच-बीच में अपना फोन देखते हैं, नोटिफिकेशन चेक करते हैं, जो कि एक अच्छी आदत नहीं है। इससे हम यह प्रदर्शित करते हैं कि हममें आत्मविश्वास की कमी है, बातचीत दिलचस्प नहीं है या हम बातों पर पूरी तरह ध्यान नहीं दे रहे हैं।

साथ ही ऐसा करने से आपकी वार्तालाप भी बाधित होती है। इसलिए जब आप किसी से बातचीत कर रहे हैं तो अपना पूरा ध्यान, ऊर्जा बातचीत पर ही केंद्रीत करें। इस तरह आप पाएंगे कि जब आप उनमें

खुद को पूरी तरह केन्द्रीत करते हैं तो आपकी बातचीत ज्यादा दिलचस्प, सुखद और ज्यादा प्रभावी होती है।

3. देर रात बेड पर लेटकर फोन, लैपटॉप का इस्तेमाल करना

यह एक बड़ी बात है कि ज्यादातर लोगों को उनके नींद और प्रोडक्टिविटी के नुकसान का एहसास भी नहीं होता है। नीली रोशनी आपके मूड, ऊर्जा स्तर और नींद की गुणवत्ता के लिए महत्वपूर्ण भूमिका निभाता है। सुबह के समय सूर्य की रोशनी में यह नीली रोशनी ज्यादा होती है।

जब यह हमारे आंखों के संपर्क में आते हैं तो नींद लाने वाले हार्मोन्स मेलाटोनिन के उत्पादन को रोक देते हैं और आपको ज्यादा एक्टिव महसूस कराते हैं। दोपहर के बाद यह कम हो जाता है, जो शरीर में मेलाटोनिन का उत्पादन करने और नींद लाने में सक्षम बनाती हैं।

जब हम रात में फोन इस्तेमाल करते हैं तो इससे निकलने वाली ब्लू लाइट मेलाटोनिन के उत्पादन को बाधित करता है, जो आपके नींद पूरा होने और नींद की गुड़वत्ता में बाधा उत्पन्न करता है। क्योंकि शाम में हमारा मस्तिष्क इस प्रकार की लाइट की आशा नहीं करता। इसलिए रात में डिनर करने के बाद इन उपकरणों से दूरी बनाएं।

4. बुरे दोस्तों या लोगों के बारे में सोचना बंद करें

हम सब हमेशा अच्छे और बुरे लोगों के साथ घिरे होते हैं, उनमें से कुछ तो हमारे साथ ही रहते हैं, हमारे बीच जैसे हमारे कुछ बुरे दोस्त, पड़ोसी या कोई परिचित। इस प्रकार के लोग हमारे जीवन में धीरे-धीरे जहर घोलते हैं और हमें इसका एहसास तक नहीं होता, और ये हमें नीचे गिरा देते हैं, बहुत नीचे।

जब आप किसी ऐसे व्यक्ति के बारे में सोचते हैं तो आपको गुस्सा आता है, आपका खून खौलता है और आप मानसिक रूप से आहत होते हैं। इसलिए यह बहुत ही जरूरी है कि आप ऐसे लोगों को पहचान कर

उनसे दूरी बनाकर रखें। उनके बारे में सोचना बंद कर दें।

क्योंकि इस तरह के लोग आपको हमेशा नीचा दिखाने की कोशिश करते रहते हैं, मौका मिलने पर आपकी आलोचना करते हैं। समस्या का हल देने के बजाय समस्याओं में उलझाते हैं। ऐसे लोगों के बारे में सोचना बंद करें जो आपका पैर खींचते हैं। उन पर और उनकी बातों पर ध्यान दिए बिना आगे बढ़ते रहें।

5. पूरी नींद न लेना

आजकल लोगों में देर से सोने की आदत हो गयी है। सुबह समय पर ऑफिस या स्कूल जाने के लिये जल्दी उठना पड़ता है, जिसकी वजह से नींद पूरी नहीं होती। एक सामान्य व्यक्ति के लिए 6 से 8 घंटे की नींद पर्याप्त होती है।

लेकिन अगर आपकी नींद पूरी नहीं होती तो दिन में कई समस्या का सामना करना पड़ता है जैसे आप थका हुआ महसूस करते हैं, बार-बार नींद आती है, ज्यादा गुस्सा आता है, और आप किसी भी काम पर फोकस नहीं कर पाते हैं जिससे आपकी प्रोडक्टिविटी कम हो जाती है।

कम नींद लेने की आदत से शरीर में कई बीमारियां उत्पन्न होने लगती हैं जैसे मोटापा, हाई ब्लड प्रेशर, डायबिटीज आदि। कम सोने से आपकी याददाश्त भी कमजोर होने लगता है और निर्णय लेने की क्षमता धीरे-धीरे कम हो जाती है।

6. तनाव के बीच खाना

तनाव, निराशा और उदासी से बचने के लिए लोग कई तरीके अपनाते है, इन्हीं में से एक है खाना। कुछ लोगों को तनाव होने पर खाने का मन करता है, ऐसे में वे मीठा, चटपटा या जंक-फूड खाना पसंद करते हैं। एक-दो बार के लिए तो सही है लेकिन तनाव से बचने के लिए 'खाना' लंबे समय में लाभदायक नहीं होता।

तनाव या उदासी में इस प्रकार का शॉर्ट-टर्म उपाय कुछ देर के लिए आपको राहत दे सकता है, लेकिन स्ट्रेस ईटिंग की यह आदत आपके वजन को बढ़ाता है, साथ ही अन्य स्वास्थ्य समस्याएं उत्पन्न कर सकता है।

इसके बजाय तनाव से राहत पाने के लिए दूसरे तरीके अपनाएं जैसे- आप मेडिटेशन कर सकते हैं या बाहर घूमने जाएं और प्रकृति के बीच कुछ वक्त बिताएं, इसके अलावा किताबें पढ़ना, लिखना या कुछ भी ऐसा जो अच्छा महसूस कराये। अपने उस तरीके को खोज लें जो आपके लिए सबसे अच्छा है।

7. अपनी ऊर्जा का सही मैनेजमेंट न करना

सोचिए अगर आप पूरे दिन खुश और ऊर्जावान रहें तो क्या होगा? क्या आप कम समय में ज्यादा प्राप्त कर सकते हैं? क्या आप ज्यादा प्रोडक्टिव होंगे? हां या नहीं, वास्तव में हां, ऐसा ही होगा।

तो अब सवाल यह है कि कैसे हम अपनी ऊर्जा का सही मैनेजमेंट कर सकते हैं, जिससे यह हमेशा चरम पर रहे न कि रोलर कॉस्टर की तरह उप एंड डाउन करता रहे। क्योंकि यह समस्या ज्यादातर लोगों के साथ होती है। लोग ऊर्जा के इस तरह के उतार चढ़ाव का सामना पूरे दिन करते हैं।

इसके लिए आपको स्वयं को देखना होगा, अपनी सेहत पर नजर रखना होगा। जैसे आप अपनी कार या बाइक को देखते हैं, मेंटेनेंस करते हैं, उसे सही ईंधन देते हैं। इसी तरह आप अपने शरीर को सही पोषण दें, जिम जाएं और व्यायाम करें, बाहर घूमने जाएं जॉगिंग करें जिससे आपका हृदय ठीक से पम्प कर सके।

प्रतिदिन इस प्रकार के छोटे प्रयासों से आप पाएंगे कि आपकी ऊर्जा बढ़ गई है। दिन की ऊर्जा का उतार चढ़ाव अब कम हो गया है और आप अपनी ऊर्जा का सही मैनेजमेंट करने के सक्षम हो जाएंगे।

8. जंक फूड का अधिक सेवन

हम सभी जानते हैं कि जंक फूड सेहत के लिए सही नहीं है लेकिन फिर भी, क्या हम इसे खाने से बचते हैं? यदि आप प्रत्येक दिन या सप्ताह में दो-तीन बार भी इस प्रकार का भोजन करते है, तो आपके शरीर को खतरा है।

फास्ट फूड में बहुत अधिक मात्रा में चीनी, कार्बोहाइड्रेट, वसा और मसाले होते हैं। यदि आप अक्सर जंक फूड का सेवन करते हैं, तो आपको मोटापा, मधुमेह, उच्च कोलेस्ट्रॉल, हृदय की समस्याएं और कई समस्याएं हो सकती हैं।

जंक फूड स्वाद देने के अलावा किसी भी प्रकार से लाभकारी नहीं होता, इसलिए आपको इस तरह का खाना खाने से बचना चाहिए और ऐसे आहार को अपने डाइट में शामिल करना चाहिए जो पौष्टिक हो और ऐसी किसी भी समस्या का कारण न हो।

9. देर तक सोशल मीडिया पर स्क्रॉलिंग

आज के समय में यह समस्या बहुत ही बड़ी बन चुकी है। बिना मोबाइल फोन के कुछ मिनट बिताना भी लोगों के लिए बहुत मुश्किल हो गया है। लोग घंटो सोशल मीडिया पर स्क्रॉलिंग करते हुए अपना बहुमूल्य समय नष्ट कर देते हैं। मैं यह नहीं कहता कि इसमें कोई बुराई है या आपको इसे पूरी तरह बंद कर देना चाहिए।

यह सब आप पर निर्भर करता है। हर चीज में अच्छाइयां होती हैं, लेकिन कुछ कमियां भी होती हैं। यदि आप सोशल मीडिया का इस्तेमाल अपने बिज़नेस या अन्य कार्यो में करते हैं तो सही है। लेकिन अगर आप बिना किसी उद्देश्य के देर तक इस पर समय गुजारते हैं तो यह आप पर नकारात्मक प्रभाव डालता है। यह आपके बहुमूल्य समय को चुराता है।

ऐसे में आपको इस आदत को बदल देना चाहिए। दिन में अलग से इसके लिए समय निकाल सकते हैं और टाइमर सेट कर सकते हैं, जितने देर के लिए इसे इस्तेमाल करेंगे। इससे अपने दूसरे जरूरी कार्यो के साथ

ही सोशल मीडिया का भी सही उपयोग कर पाएंगे।

10. मल्टीटास्किंग करना

बहुत से लोग सोचते हैं कि वे एक साथ कई कामों को करने में माहिर हैं, लेकिन यह सही नहीं है। वैज्ञानिकों ने अपने शोध में पाया है कि केवल 2 प्रतिशत पॉपुलेशन ही प्रभावी रूप से मल्टीटास्किंग करने में सक्षम है।

हम में से बहुत से लोग हैं जिनमें मल्टीटास्किंग करने की खराब आदतहै। लेकिन आपको जानना चाहिए कि ऐसा करने से हम एक भी काम पर पूरी तरह से फोकस नहीं कर पाते हैं। और लंबे समय में देखें तो यह हमारी प्रोडक्टिविटी को भी कम करती है।

इसके अलावा यह आदत आपके दिमाग को प्रभावित करती है, आपके ब्रेन को डैमेज करती है। इसलिए मल्टीटास्किंग की आदत को अवॉयड करें और एक समय में एक ही काम करें।

यह हैबुरीआदतें जो ज्यादातर लोगों में होती हैं। इनका प्रभाव हम एक दिन में ही नहीं देख पाते, यह धीरे-धीरे हमारे जीवन को प्रभावित करती हैं। जब हमें इसका एहसास होता है, तब तक बहुत देर हो चुकी होती है। इसलिए इन पर जितनी जल्दी नियंत्रण पाया जाए उतना ही अच्छा है।

इन बुरी आदतों को तोड़ने के लिए आत्म-नियंत्रण का अभ्यास करके, अपनी इच्छाशक्ति और नियमित अभ्यास से आप इन बुरी आदतों को समाप्त कर सकते हैं जो आपके करियर को और आपको आगे बढ़ने से रोकती हैं।

21

सही मार्ग पर चलकर करे सपनो को पूरा

वस्तुतः, इस धरा पर 'मनुष्य' ईश्वर की सर्वोत्कृष्ट सृष्टि है | मनुष्य, सच में महान् है क्योंकि केवल वही अपने मन, बुद्धि, ज्ञान, शक्ति और सामर्थ्य के उपकरणों द्वारा प्रकृति की धीमी गतिसे चलने वाली, क्रमिक-विकास प्रणाली को तीव्र गति प्रदान कर पाता है|विकास ही तो मानव का चरम लक्ष्य होता है| लेकिन अपने ऋषियों के इन वचनों से भी तो मुँह नहीं मोड़ा जा सकता कि आत्मा ही वह तत्व है जो ईश्वर के रूप में इस सम्पूर्ण प्रकृति का नियामक अर्थात् शासक है | इस प्रकार हमारे शरीर, मन और बुद्धि का अधिष्ठाता यह 'आत्मा' ही हमें चेतन बनाता है एवं समस्त कार्य-व्यापार करने के लिए प्रेरित करता है | दरअसल, मनुष्य की सुख-प्राप्ति की बलवती इच्छा ही समस्त प्राणी-जगत् के सम्पूर्ण कार्य-व्यापार के चलने का प्रमुख कारण है |

हम सभी इस तथ्य से भलीभाँति परिचित हैं कि जीवन का कोई भरोसा नहीं होता|यह तो इतना अधिक अप्रत्याशित है कि कोई भी नहीं जानता कि कब हमारे सामने कौन सी चुनौती आ उपस्थित होगी या फिर हम कब किस संघर्ष का सामना करने के लिए विवश हो जायेंगे| वस्तुतः, काल के प्रवाह में हम क्षण प्रति क्षण विभिन्न परिस्थितियों के ऐसे भंवरजाल में फस जाते हैं कि 'यह करें या न करें 'का निर्णय

लेना कठिन हो जाता है | कभी-कभी तो प्रलोभन के ऊपर प्रलोभन हमें भ्रमित सा कर देते हैं और काल की गति तो इतनी अधिक तीव्र होती है कि समीपस्थ भविष्य ही वर्तमान बनकर हमें बहा ले जाता है और वही बीते हुए 'कल' में विलीन हो जाता है| हमें प्रत्येक क्षण शीघ्रता से अपनी बुद्धि तथा विचार-शक्ति के सहारे इस जड़-चेतन सृष्टि के साथ अपने व्यवहार के संबंध में निर्णय लेना पड़ता है |

चुनौती भरे क्षणों का सामना करते हुए हमें अनुसरण के लिए दो मार्ग दिखाई देते हैं-पहला 'श्रेय' तथा दूसरा 'प्रेय' का मार्ग | विवेकी मनुष्य संघर्षपूर्ण परिस्थिति के विभिन्न पक्षों को धैर्य-पूर्वक परख कर, श्रेय के मार्ग का अनुसरण करने का दृढ़ निश्चय करता है और सत्य, दया, प्रेम, सहिष्णुता जैसे शाश्वत नैतिक-मूल्यों के पथ पर चलते-चलते अपने जीवन का लक्ष्य प्राप्त करता है |दूसरी ओर, प्रेय-मार्ग पर वे लोग चलते हैं जो सदा किसी न किसी वस्तु के पीछे भागती हुई अपनी इंद्रियों को रोक नहीं पाते और अपनी इच्छाओं तथा आशाओं के दास बनकर अविवेकी निर्णयों के कारण, अनुचित मार्ग पर चलते हुए अक्सर अपने लक्ष्य से विचलित हो जाते हैं |

इस प्रकार प्रेय-मार्ग सुखकारी और श्रेय का मार्ग कल्याणकारी है | अब, जो कल्याणकारी है –वह सदा प्रिय लगे ऐसा होना आवश्यक नहीं है लेकिन इसके बावजूद जो विवेकी है,सच्चा साधक है, परिवार और समाज के प्रति अपने उत्तरदायित्व को समझता है, वह श्रेयस् के मार्ग पर चलता रहता है| चरम-लक्ष्य की प्राप्ति के मार्ग में आनेवाली बाधाओं, विघ्नों और कष्टों से विचलित नहीं होता तथा यथेच्छ भौतिक सुखों के न मिलने पर भी दुःखी नहीं होता |

इस तरह धीरे-धीरे वह अपने अन्तःकरण की शुद्धि के माध्यम से नित्य-आनंद, सुख एवं मानसिक-शांति प्राप्त करने लगता है और आगे आने वाले जीवन में अपने कार्यों को और अच्छी तरह से करने की कुशलता प्राप्त कर लेता है लेकिन प्रेय-मार्गी तो इस संसार की चमक-दमक से ऐसा आकर्षित होता है कि येन-केन प्रकारेण अर्थात् जैसे-तैसे भी धन-संग्रह करने या फिर शीघ्र इच्छा-पूर्ति करने में इतना अधिक तल्लीन हो जाता है कि उसे इसका आभास ही नहीं होने पाता कि कब

उसने स्वयं ही अपने लिए दुखों को न्योता दे डाला क्योंकि सब इच्छाएं तो किसी की भी पूरी हो नहीं पातीं| अधूरी इच्छाएँ उसे न केवल निराशा देती हैं अपितु उसे मानसिक-स्तर पर भी असंतुष्ट बना देतीं हैं क्योंकि अब धीरे-धीरे उसे अपनी उन भूलों का अहसास होने लगता है जो उसने अपने परिवार अथवा समाज के प्रति की होती हैं |

अंततः, ऋषिगणों के वचनामृत तो इसी ओर संकेत करते हैं कि जीवन की चुनौतियों के चौराहे पर खड़े हम मनुष्यों को ईश्वर न तो प्रेय-मार्ग का अनुसरण करवा कर भौतिक सुख-साधनों के होते हुए भी असंतुष्ट रहने के लिए विवश करते हैं और न श्रेय-मार्ग का अनुसरण करने के लिए प्रेरित करते हैं|दरअसल, मनुष्य को बाह्य सृष्टि के चक्र को बदलने की पूर्ण और सर्वत्र स्वतंत्रता नहीं है लेकिन फिर भी जगत् के संपर्क में क्षण-प्रतिक्षण सद्व्यवहार या दुराचरण करने के लिए मनुष्य स्वतन्त्र है और उसे अपने आचरण के सम्बंध में मिली उसकी यही स्वतंत्रता उसकी 'मुक्तिसाधना' है |इसी मुक्तिसाधना के सदुपयोग से श्रेय-मार्गी तो एक अच्छी ज़िंदगी व्यतीत करता है लेकिन प्रेय-मार्गी इसके दुरूपयोग द्वारा अपने सौभाग्य के क़दमों की आहट को ही अनसुना कर देता है| दरअसल, आपको नहीं लगता कि कुछ हद तक हम स्वयं ही अपने भाग्य के रचयिता हैं ?

22

सफलता के लिए सोने का नियमित समय

ज्यादातर लोग जो खुद को इम्प्रूव करना चाहते हैं, अच्छी जीवनशैली अपनाना चाहते हैं, उन्हें यह पता होता है कि एक सक्सेसफुल जीवन के लिए एक Morning Ritual का क्या महत्व है। जब एक स्वस्थ और सफल जीवन के लिए दिनचर्या की बात होती है तो सबसे ज्यादा महत्व सुबह के रूटीन को ही दिया जाता है। मुझे लगता है कि रात के रूटीन (Night Routine) के बारे में बहुत कम ही बात होती है।

क्योंकि Night Routine ज्यादा लोकप्रिय नहीं है। साथ ही पूरे दिन एक स्वस्थ दिनचर्या के साथ जुड़े रहना आसान नहीं है। पूरे दिन काम करने के बाद हम सोचते हैं कि अब आराम का समय है, बस अब और नहीं। लेकिन एक अच्छे दिन और खुशहाल जीवन के लिए यह उतना ही महत्वपूर्ण है, जितना कि सुबह का रूटीन।

क्योंकि एक अच्छे Night रूटीन के अद्भुत लाभों को अनदेखा नहीं किया जा सकता। दुनिया के सभी सफल लोग भी एक अच्छी Night रूटीन को अपनाते हैं जिससे वे अगले दिन एक स्वस्थ और ऊर्जावान दिन की शुरुआत कर सकें।

आज के इस अध्याय को पढ़कर आप जानेंगे कि आप अपने Night Routine में क्या कर सकते हैं। जिससे रात में अच्छी नींद लेने के बाद बेहतरीन दिन की शुरुआत कर सकें और अपनी प्रोडक्टिविटी को कई गुना इम्प्रूव कर सकें।

1. सुनिश्चित करें कि आप दिन के काम को कब खत्म कर रहें हैं

एक अच्छी और नियमित रात की दिनचर्या के लिए आपको यह सुनिश्चित करना होगा कि आप अपने दिन के काम करना कब बंद कर रहे हैं। क्योंकि ऐसा नहीं होने पर काम के बीच में समय को भूल जाना और अन्य चीजों के लिए लेट हो जाना बहुत आसान हो जाता है।

इसके अलावा आपको अपने कार्य संबधी फोन व ईमेल करने के समय को भी निर्धारित कर लेना चाहिए। यदि आप इन सीमाओं को निर्धारित नहीं करते तो आपके लिए जीवन का आनंद लेना और रात को अच्छी नींद लेना कठिन हो सकता है।

2. रात का खाना सोने से 2- 3 घंटे पहले ही लें

एक आदत हैं जो अधिकांशतः हम भारतीयों में जरूर होती हैं, वो यह है कि हम अपना रात का खाना सोने से कुछ देर पहले ही लेते हैं। जो कि न ही हमारे अच्छे स्वास्थ्य के लिए ठीक है और न ही अच्छी नींद के लिए। इसलिए रात में अच्छी नींद और अच्छे स्वास्थ्य के लिए अपने डिनर का समय बिस्तर पर जाने से लगभग दो घंटे पहले का रखें।

सोते समय ज्यादा भारी और गरिष्ठ भोजन करने से सोने में असुविधा या अपच हो सकती है। यदि किसी कारणवश आप रात में देर से खाना खाते हैं तो मेलाटोनिन के स्तर को बढ़ावा देने के लिए ओटमील, दही या नट्स जैसे स्वास्थ्यप्रद भोजन का विकल्प अपनाएं। जो आसानी से पचने योग्य हो और अच्छी नींद भी लाये।

3. अपने स्क्रीन टाइम को कम करें

वैज्ञानिकों द्वारा किये गए विभिन्न शोध बताते हैं किस तरह रात में ज्यादा टेक्नोलॉजी का इस्तेमाल शरीर को प्रभावित कर सकते हैं। मोबाइल फोन, टीवी और कंप्यूटर से निकलने वाली नीली रोशनी हमारे दिमाग को व्यस्त रखती है और रात में आपके आरामदायक नींद को प्रभावित करती है।

क्योंकि यह नींद हार्मोन्स यानी मेलाटोनिन के स्तर को कम कर देता है। दिन भर की थकान के बाद रात में पर्याप्त आराम और अच्छी नींद के लिए बिस्तर पर जाने से 1 घंटे पहले मोबाइल, टीवी को बंद कर देना चाहिए।

4. कुछ देर के लिए बाहर टहलने जाएं

टहलना हमारे लिए कई तरह से फायदेमंद होता है। शाम के समय टहलना दिन भर के कार्यों को लेकर मन में चल रहे विचारों को रोकता है और आपको धीरे-धीरे थकान की स्थिति में ले जाता है। हमेशा व्यस्त रहने वाले लोगों के लिए शाम की सैर तनावपूर्ण दिन के बाद आराम करने का एक अच्छा तरीका है।

शारीरिक स्वास्थ्य लाभ के अलावा इसके अन्य महत्वपूर्ण लाभ हैं। अध्ययन में पाया गया है कि पैदल चलने से व्यक्ति में रचनात्मक शक्ति बढ़ती है। अगर आप किसी कठिन समस्या का हल ढूंढने में उलझे हैं तो रात में टहलते हुए समस्या का रचनात्मक हल प्राप्त करने में आसानी हो सकती है। साथ ही यह अच्छा नींद लाने में भी मदद करता है।

5. परिवार के साथ समय बिताएं

हमारा जीवन सिर्फ काम करने के लिए नहीं है। इसके अलावा भी हमारे जिंदगी में बहुत कुछ है। हमें खुद के साथ कुछ वक्त बिताने और जीवन

का भरपूर आनंद लेने की भी जरूरत है। साथ ही हमें उन लोगों के साथ क्वालिटी टाइम बिताने की जरूरत है जिन्हें हम प्यार करते हैं, जो हमें प्यार करते हैं।

हमें अपने परिवार और प्रियजनों के लिए भी पर्याप्त समय निकलना चाहिए। सुबह होते ही हम सब अपने ऑफिस या स्कूल के लिए निकल जाते हैं और पूरे दिन व्यस्त रहते हैं। लेकिन रात में सब साथ होते हैं। इस समय हम बातें कर सकते हैं, उनके साथ बाहर टहलने जा सकते हैं।

बच्चों के साथ खेल सकते हैं। यह समय अपने करीबी रिस्तों को मजबूत बनाने और उनके साथ जुड़ने का अच्छा समय होता है। इसका सही उपयोग करें।

6. अगले दिन की तैयारी आज ही कर लें

सुबह जल्दी उठने से ज्यादा मुश्किल और तनावपूर्ण कुछ भी नहीं है। कभी अलार्म न बजने पर या देर से उठने पर समय को मैनेज करने के लिए जल्दबाजी, चीजों को भूलना और ब्रेकफास्ट छूटना आम हो जाता है। इस समस्या से बचने का आसान तरीका है, सुबह की तैयारी रात में ही कर लेना।

हालांकि ज्यादातर लोगों में इसकी आदत नहीं होती, लेकिन बार-बार करने पर इसकी आदत पड़ जाएगी। सोने से पूर्व आप अगले दिन के लिए ऑफिस या स्कूल के कपड़े चुन सकते हैं, क्या सामान रखना, क्या लेकर जाना है और नाश्ते में क्या बनाना है आदि।

इस तरह की चीज़ों को पहले ही व्यवस्थित कर लेने से अगली सुबह निर्णय लेने और चुनाव करने में समय व्यर्थ नहीं जाता। और आप ज्यादा प्रोडक्टिव होकर दिन की शुरुआत करते हैं।

7. किताबें पढ़ें

पढ़ना बिना किसी संदेह के Night Routine का एक महत्वपूर्ण हिस्सा है। यह किसी भी प्रकार से हो सकता है जैसे- फिक्शन, सेल्फ-इम्प्रूवमेंट

या बॉयोग्राफी आदि। रात में बिस्तर पर लेटकर फोन चलाना आजकल आम बात हो गई है। अगर आपमें भी यह आदत है तो आपके लिए फ़ोन को देखने का एक बेहतर विकल्प उपलब्ध हैं।

आप फ़ोन पर किताब पढ़ सकते हैं। रिसर्च कहती हैं कि सिर्फ 6 मिनट तक किताब पढ़ने से लगभग 67 प्रतिशत तक शरीर के तनाव को कम किया जा सकता है। आप फोन में E-book पढ़ सकते हैं। आजकल ऑडियोबुक भी उपलब्ध हैं, आप उन्हें सुन सकते हैं।

यहां कुछ कारण बता रहे हैं जिससे आप जान पाएंगे कि शाम को पढ़ना सबसे अच्छी आदतों में से एक क्यों हैं।

• रात में मस्तिष्क के थकान के स्तर को बढ़ाने के लिए टेलीविजन या फिल्मों की तुलना में पढ़ना ज्यादा कारगर साबित होता है। क्योंकि एक समय में पढ़ना और कुछ अन्य काम करना असंभव है।

• इस समय आपकी आँखें और दिमाग एक ही गतिविधि पर केंद्रित होते हैं – जो आपके विचारों को वश में करने के कार्य को तेज करते हैं और इस प्रकार आपके मस्तिष्क को नींद के लिए तैयार करते हैं।

• क्या आप कभी एक ही समय में बात करने और पढ़ने की कोशिश किये हैं? शायद नहीं। क्योंकि पढ़ना शांति का पर्याय है। यह आपके मन में शांति का संचार करता है और आपके विचारों को बंद करने के कार्य को सरल करता है। साथ ही आपके तनाव को कम करता है।

8. पूरे दिन पर एक नजर डालें, विश्लेषण करें

पूरे दिन व्यस्त रहने के बाद अपनी प्रगति का विश्लेषण करने का उपयुक्त समय शाम को मिलता है। नए दिन की शुरुआत से पहले आज क्या हासिल किया और क्या नहीं?, क्या गलतियां हुई?, इन बातों पर विचार करें। इससे आप जान सकते हैं कि किन चीजों को और बेहतर करने की आवश्यकता हैं, क्या नया करना है।

किस तरह हम अपना सर्वश्रेष्ठ प्रदर्शन कर सकते हैं। साथ ही आपको अपनी उपलब्धियों के लिए खुद की प्रशंसा करने और अगले दिन को और बेहतर बनाने में मदद मिलती है। दिन का पूर्ण विश्लेषण करने से

आप खुद को चिंताओं से मुक्त करके एक अच्छी नींद लेने के लिए तैयार कर सकते हैं।

9. अगले दिन के कार्यों की योजना तैयार कर लें

रात की दिनचर्या में जब आप अपने दिन का आकलन कर लेते हैं तो आप जो सबसे अच्छी चीज कर सकते हैं वह है कल के लिए कार्यों की योजना बनाना। बहुत बार ऐसा होता है कि हम कल के बारे में सोचते हुए अपनी शाम को बिता देते हैं।

हम उन चीजों के बारे में सोचते हैं जिन्हें कल पूरा करना है। ऐसा करने से आप दिन शुरू होने से पहले ही खुद को तनाव दे देते हैं। इसलिए अगले दिन के कार्यों की योजना तैयार कर लेना वास्तव में आपके लिए एक बड़ी राहत हो सकती है।

एक बार जब आप अपने कार्यों को अपने नोटबुक में या पेपर पर लिख लेते हैं और उन्हें उनकी प्राथमिकता दे देते हैं तो आपको दोबारा से उनके बारे में ज्यादा सोचना नहीं पड़ेगा। और आप शांत मन से अपने शाम का आनंद ले पाएंगे।

एक To Do List आपकी प्रगति को ट्रैक करता है और आपकी सम्पूर्ण परियोजनाओं में एक मूक साथी के रूप में आपका सहयोग करता है। इसलिए इसे अपने Night Routine का एक हिस्सा बना लेना चाहिए।

10. मेडीटेशन

सोने से पहले एक नियमित ध्यान का अभ्यास करना आपके शरीर और मन को रिलैक्स करने में मदद करता है। यह आपके दिन के सम्पूर्ण तनाव और चिंताओं से मुक्त होने की क्षमता को बेहतर करने और रात को एक अच्छी नींद की तैयारी करने में मदद करता है।

शांत जगह पर पीठ सीधी करके आराम से बैठ जाएं। आंखे बंद करके गहरी और लंबी सांस लें और मन में उठ रहे विचार के बुलबुले को सांसों

के साथ निकल जाने दें। शरीर के तनाव को कम करते हुए वर्तमान पर ध्यान केंद्रित करने की कोशिश करें।

मेडिटेशन शरीर और मन को आराम पहुंचाने का एक प्रभावी तरीका है। प्रतिदिन 5 से 10 मिनट का अभ्यास तनाव, एंग्जायटी, डिप्रेशन और दर्द में राहत प्रदान करने में मदद करता है। इसका अभ्यास करें, इसके परिणाम का अनुभव करें और इसे अपनी दिनचर्या का हिस्सा बना लें।

11. अगली सुबह के लिए उत्साहित रहें और सोने जाएं

अगले दिन के लिए उत्साहित रहना वास्तव में सुबह जल्दी उठने के लिए सबसे प्राकृतिक और शक्तिशाली तरीकों में से एक है। विचार करें कि आप किस तरह अपने लिए नए अवसर प्राप्त कर सकते हैं, किस तरह से अपनी प्रोडक्टिविटी को दोगुना करके एक दिन में अधिक प्राप्त कर सकते हैं।

आप नए लोगों से मिल सकते हैं। जीवन के लिए गंभीर निर्णय ले सकते हैं और फैसले ले सकते हैं खुद में बड़े बदलाव के लिए। यह सब कुछ आप पर निर्भर है और यह सब आप अगली सुबह शुरू कर सकते हैं। इसलिए इसे लेकर खुश रहें।

इस तरह से आप एक खराब मूड के साथ नहीं, बल्कि अपने चेहरे पर प्यारी मुस्कान और दिल में कृतज्ञता के साथ जागेंगे। और वह सब प्राप्त करेंगे जो आप सोचते हैं।

12. Night Routine के लिए महत्वपूर्ण बातें

बुरी आदतों में बने रहना या उसमें गिरना बहुत आसान होता है। जीवन का सम्पूर्ण नियंत्रण अपने हाथ में लेने के लिए अनुपयुक्त चीजों को हटाना अच्छा होता है। यह लेख पढ़ने के बाद आपको रात की दिनचर्या को लेकर कुछ नया लग सकता है लेकिन इसे अपनाने के बाद आप इसके अद्भुत लाभ को देख सकते हैं।

इस पर बने रहने के लिए आपके लिए कुछ सुझाव हैं । जैसे-

• आप विचार करें कि आप अपनी रात की दिनचर्या में क्या शामिल कर सकते हैं। और उन्हें लिख लें। जितना हो सके इसे सरल बनाएं और इसका पालन करते रहें। क्योंकि आदत बनने में समय लगता है।

• जब आप पहली बार शुरुआत करेंगे तो केवल दिमाग और Willpower पर ही भरोसा नहीं कर सकते, इसलिए आप रिमाइंडर और अलार्म का इस्तेमाल कर सकते हैं।

• यदि आप एक बार में बड़ा लक्ष्य बना लेंगे तो फेल होने का चांस ज्यादा होगा। इसलिए अच्छा रहेगा कि छोटे से शुरुआत करें और आसानी से अचीव करें।

• अपने वर्तमान रूटीन को देखें, सोचे और नोट कर लें। नए बदलाव के लिए खुद को तैयार करें। आप जो भी परिवर्तन चाहते हैं। उसे धीरे-धीरे अपनाएं।

हमारे रात की दिनचर्या यह बता सकती है कि हमारा अगला दिन कैसा होगा। इसके लिए हमें अपने Night Routine में उन चीजों को शामिल करना चाहिए जो हमारे पूरे दिन को बेहतर बनाने में मदद करें। जिससे आप ज्यादा खुश, स्वस्थ और ज्यादा प्रोडक्टिव बनें।

यह कुछ सुझाव हैं जो आपकी Night Routine को अच्छा बनाने में मदद करेंगे। आशा है यह आपको जरूर पसंद आया होगा। आप आप अपने सुझाव कमेंट में लिख कर बता सकते हैं।

23

गलत संगति का असर

ये कहानी है मनीष नाम के लड़के की जो माध्यम वार्गिये परिवार में पैदा हुआ जो 12 क्लास तक टॉप करता जा रहा था। कमाल का बच्चा पढ़ने लिखें में सबसे आगे फॅमिली को उस पर गर्व था। फॅमिली को लगता था की ये बचा जब बड़ा हो जाएगा तो कुछ कमाल करेगा हम लोगों की जिंदगी बदल देगा हमारी फॅमिली में खुशियां आ जाएगी सब कुछ बदल देगा सिर्फ और सिर्फ ये लड़का। लेकिन वे लड़का जब 12 क्लास पास कर के कॉलेज में गया तो उसकी लाइफ बदल गयी उसके आस पास ऐसे दोस्त आ गये जिन्होंने उसे बिगड़ के रखा दिया देर रात तक पार्टी चलने लगी घर वालों से झूट बोल कर के पैसा मंगाने लगा।

घर वालों को समझ में आ रहा था उन्होंने एक दिन उसे समझाने की कोसिस की लेकिन मनीष ने घर वालों को डाट दिया की आप मुझे ज्ञान मत दीजिये मुझे सब कुछ मालूम है और आपकी ज्ञान से बात नहीं बनेगी आप सांत रहिये मैं अपनी जिंदगी सही से जी लूंगा। घर वालो ने कुछ नहीं बोला। एक साल के बाद में जब रिजल्ट आया तो मनीष एक सब्जेट में फ़ैल हो गया और जहा ये फ़ैल होने वाली बात आई वही ये बात इसके ईगो को हर्ट कर गयी की जो लड़का 12 तक टॉप करता आ रहा था

वो कॉलेज में जाते ही फ़ैल कैसे हो सकता है और ये जो फ़ैल होने वाली बात थी इसके मन में इसके दिमाग में इतना घर कर गयी की ये घर में बंद हो गया एक कमरें में रहने लग गया घर वालो से बात करना बंद कर दिया दोस्तों के फ़ोन उठाना बंद कर दिया यहाँ तक की बहार आना जाना बंद कर दिया। मनीष धीरे धीरे डिप्रेशन का सीकर हो रहा था। उसे लग रहा था की उसकी लाइफ में यही पे ब्रेक लग जाएगा सब कुछ ख़त्म हो जाएगा।

मनीष जिस स्कूल में पढ़ता था जहा से 12 पास की थी वहा के प्रिंसिपल को ये बात जब मालूम चली तो उन्होंने मनीष को अपने से मिलने के लिए बुलाया डिनर पे बुलाया वो इनविटेशन ये मना नहीं कर सकता था उसे मानना ही था की नेउता आया था। प्रिंसिपल के पास जाना था तो मनीष पंहुचा साम में और इसने देखा की प्रिंसिपल साहब बगीचे में बैठे हुए थे अंगेठी पे हाथ ताप रहे थे शर्दी का माहौल था ये भी जा कर के वह बैठ गया सर ने पूछा क्या हल चल है बेटा तो मनीष ने कुछ नहीं बोला 10-15 मिनट तक उन्दोनो के बिच में बात चित नहीं हुई तो प्रिंसिपल साहब ने सोचा की क्या अलग किया जाए।

उन्होंने अंगेठी में एक एक कोइले का टुकड़ा जल रहा था और धधक के हुए टुकड़े को मिटी में फैक दिया जैसे ही उसे मिटी में फेका थोड़ी देर तो धधका और उसके बाद बुझ गया। तब मनीष ने बोला ये आपने क्या किया जो कोइले का टुकड़ा अग्नि में धधक रहा था हमें गर्मी दे रहा था उसे बहार मिटी में फेक दिया बर्बाद कर दिया,

तो प्रिंसिपल ने कहा की बर्बाद कहा कर दिया कोनसी बरी बात हुई वापस इसको ठीक कर देते हैं। उन्होंने उस कोइले के टुकड़े को उठाया उस मिटी से और वापस से उसे अंगेठी में डाल दिया वापस से वो थोड़ी देर बाद धधकने लगा गर्मी देने लगा तो प्रिंसिपल ने कहा बेटा कुछ समझ में आया मनीष ने कहा नहीं तो फिर प्रिंसिपल ने कहा बेटे मैंने तुम्हे यही समझने के लिए यहाँ बुला रहा था।

ये जो कोइले का टुकड़ा है ये तुम हो , तुम जब अंगेठी से हबर आए गलत संगति में गए मिटी में गए तो बुझ गए लेकिन वापस से आ कर के जल सकते हो लेकिन शर्त ये है की अब अंगेठी में वापस आना होगा

अपनी लाइफस्टाइल बदलनी होगी अपने दोस्त बदलने होंगे बस इतनी सी बात तुम्हे समझाने के लिए यह बुलाना चाहता था मनीष को सारी बात समझ में आगयी उसकी लाइफ बदल गयी।

24

आपके हर दिन किताबें क्यों पढ़नी चाहिए?

पढ़ना हमारे जीवन के लिए बहुत ही महत्वपूर्ण है क्योंकि इससे हमारे विचारों का विकास होता है, यह हमें जीवंत ज्ञान और सबक सिखाता है जिससे हम अपने मस्तिष्क को हमेशा सक्रिय रख सकते हैं।

किसी भी चीज को सीखने और समझने में सहायता करने के लिए क़िताबों के महत्व (Benefits of Reading Books) को कभी भी कम नहीं आंका जा सकता। वर्षों पहले तक पढ़ना व्यक्तिगत मनोरंजन का एकमात्र साधन हुआ करता था।

शायद इसीलिए यह 'पढ़ना' इतने लंबे समय से आज भी हमेशा सुर्खियों में रहता है। और यह मनोरंजन और जानकारी प्राप्त करने का एक ऐसा स्रोत है जिसका कभी अंत नही हो सकता है।

1. मानसिक उत्तेजना/प्रोत्साहन

पढ़ना बहुत से लोगों के लिए बहुत मजेदार होता है, लेकिन इसके साथ ही पढ़ने के और भी बहुत से मानसिक स्वास्थ्य लाभ हैं। पढ़ने से हम शब्दों

और कहानी पर ध्यान केंद्रीत करते हैं जिससे यह हमारे मस्तिष्क और संज्ञानात्मक कार्यो (Cognitive functions) को उत्तेजित करता है।

अध्ययन के अनुसार मानसिक रूप से उत्तेजित (प्रोत्साहित) रहने से अल्जाइमर और डिमेंशिया के प्रभाव को कम कर सकते हैं, या रोक भी सकते हैं। यह उत्तेजना आपके दिमाग को तेज करने में भी मदद करता है। खासकर दिमाग के उन हिस्सों को जो एकाग्रता और महत्वपूर्ण विश्लेषण (Critical analysis) के लिए जिम्मेदार होते हैं।

पढ़ने से आपके दिमाग का यह हिस्सा बहुत तेज हो जाता है। और जब आप किसी महत्वपूर्ण चीजों पर ध्यान केंद्रित करते हैं तो यह तेज आपके फोकस को बनाये रखने में मदद करता है।

कैसे होता है दिमाग तेज ?

सवाल यह है कि, आखिर पढ़ना कैसे दिमाग को तेज करता है? दोस्तों यह हमारे मस्तिष्क की उत्तेजना (Stimulation) के माध्यम से दिमाग को तेज करता है। जब आप पढ़ते हैं तो आपके शब्दों पर गहराई से ध्यान केंद्रीत करने के कारण, आपका मस्तिष्क पर्याप्त मात्रा में जानकारी इकट्ठा करता है।

जो आपकी गहन सोच प्रक्रिया (Critical thinking) और विश्लेषण कौशल (Analyzation skills) दोनों को सुधारने में हेल्प कर सकता है। यह दिमाग को स्वस्थ रखने और विचार प्रक्रिया को तेज करने के लिए बहुत अच्छा होता है।

<u>दुनिया के बेहद सफल लोग</u> हर दिन जरूर पढ़ते हैं। क्योंकि वे जानते हैं कि ज्ञान उनके लिए कितना महत्वपूर्ण है। जिस तरह हम शरीर की मांसपेशियों को मजबूत बनाने के लिए व्यायाम करते हैं, इसी तरह मस्तिष्क को भी स्वस्थ रखने के लिए व्यायाम की आवश्यकता होती है।

इसमें पहेली को हल करना या शतरंज जैसे खेल भी शामिल किए जा सकते हैं। यह भी मस्तिष्क के अलग-अलग हिस्सों के व्यायाम के लिए साथ ही सोच व विश्लेषण कौशल को बेहतर करने के लिए अच्छे होते हैं।

2. पढ़ने से तनाव कम होता है

ज्यादातर लोग अनुभव से जानते हैं कि पढ़ना मनोरंजन का एक बड़ा रूप है। शायद आपको अभी तक पता न हो कि पढ़ने से तनाव को कम करने में मदद मिलती हैं। पढ़ने से आप अपने निजी संबंधों में, या दैनिक जीवन में सामना किए जाने वाले अनगिनत मामलों पर चाहे कितना भी तनाव क्यों न हो, उन सब को दूर कर सकते हैं।

हालांकि यह कहना अजीब लग सकता है, लेकिन यह सही है। एक रिसर्च में यह पाया गया है कि पढ़ना स्वयं को रिलैक्स करने का सबसे अच्छा तरीका है। इसके अनुसार केवल 6 मिनट तक पढ़ना 68 प्रतिशत तक तनाव कम करने के लिए पर्याप्त हैं।

इसी तरह टहलने से 42% और म्यूजिक सुनने से 61% तक तनाव को कम कर सकते हैं। लिखे हुए शब्दों को पढ़ना, उन पर ध्यान केंद्रीत करना दिमाग को चिंता और दिन के कार्यों के दबाव से राहत प्रदान करने में मददगार होता है।

पढ़ना तनाव को कैसे कम करता है?

जब आप पढ़ते हैं तो आपका मस्तिष्क कहानी के उपस्थित अलग-अलग लोगों के साथ एक अलग दुनिया में स्थानांतरित हो जाता है। यह बदलाव ही ऐसे लोगों के लिए ताजी हवा में सांस लेने जैसा हो सकता है, जो तनाव से ग्रसित हैं और इससे बाहर निकलना चाहते हैं।

पढ़ने से आप खुद को राहत की सांस लेने, रिलैक्स होने और पेज पर लिखे शब्दों की दुनिया में खो जाने की अनुमति दे सकते हैं। तनाव आपके दैनिक जीवन के कई हिस्सों को प्रभावित कर सकता है, और लंबे समय तक तनाव में रहने से यह सम्पूर्ण स्वास्थ्य के लिए हानिकारक हो सकता है।

एक बार जब आप पढ़ना शुरू करते हैं तो आपका ध्यान तनाव से हट कर शब्दों और कहानी के सार पर हो जाता है। समय के साथ, पढ़ना आपके तनाव के स्तर को कम करेगा, जिससे आप मानसिक और शारीरिक रूप से अच्छा महसूस करेंगे।

3. बढ़ता है आपका ज्ञान

आप जो कुछ भी पढ़ते हैं वह आपके दिमाग में जानकारी के नए स्रोत के रूप में इकट्ठा हो जाता हैं। यह जानकारी आपके लिए कब काम आ सकती हैं यह आपको भी नहीं पता। आपके पास जितना अधिक ज्ञान होगा, आप उतने बेहतर बनेगें और किसी भी चुनौती का सामना करने के लिए तैयार होंगे।

कहा जाता है कि आप अपना सब कुछ खो सकते हैं- आपकी नौकरी, आपकी संपत्ति, आपका पैसा, यहाँ तक कि आपके स्वास्थ्य को चोट पहुँचाया जा सकता है। लेकिन आपका ज्ञान हमेशा आपके पास रहता है और इसे कभी भी नहीं छीना जा सकता है। ज्ञान से आपके आत्मविश्वास में भारी इजाफा होता है। और यह आपके करियर को आगे ले जाने में भी मदद करता है।

जिन लोगों की कई तरह के विषयों में अच्छी जानकारी होती है वे अच्छी तरह से बोलने वाले और ज्ञानवान होते हैं। और अन्य लोगों की तुलना में अधिक तेजी से पदोन्नति पाते हैं। ज्ञान प्राप्त करने, नई भाषा सीखने और नए विचारों को जानने के लिए किताबें पढ़ना बहुत महत्वपूर्ण है।

4. शब्दावली में विस्तार

जितना अधिक आप पढ़ते हैं, उतने शब्द आपके संपर्क में आते हैं। पढ़ते समय, आप कुछ ऐसे शब्दों को देखते हैं, जिन्हें आप बहुत कम समझते हैं या पहचान भी नहीं पाते हैं। इसे जानने के लिए आप शब्दकोश (Dictionary) को देखते हैं और अर्थ जानने की कोशिश करते हैं।

इस तरह नए शब्द को समझना आपकी समझ के लिए फायदेमंद हो सकता है। क्योंकि आप जिस शब्द को नहीं जानते हैं, उसे जानने के लिए, शब्द की खोज करने का कार्य आपके मस्तिष्क को उस नए और रोमांचक शब्द को याद रखने में मदद करता है।

शब्दावली को बेहतर करने के लिए आप हर दिन किताबें पढ़ें, और कुछ समय बाद आप महसूस करेंगे कि आपकी शब्दावली पहले से कितनी बेहतर हो गई है।

5. याददाश्त में सुधार

यद्यपि पहले की लाइनों में आप देख चुके हैं कि कैसे पढ़ने से एकाग्रता और सोचने की प्रक्रिया में सुधार होता है। इसी तरह मानसिक स्वास्थ्य का एक और हिस्सा है जिसे पढ़ने से सुधार करने में मदद मिलती है। हर दिन कुछ न कुछ पढ़ने से आपकी याददाश्त बेहतर बनती है।

पढ़ना एक प्रकार का मानसिक व्यायाम है जो आपकी याददाश्त को अच्छा करता है। जब आप एक किताब पढ़ते हैं, तो आप अलग-अलग पात्रो को, उनकी पृष्ठभूमि, महत्वाकांक्षाओं, इतिहास व अन्य बारीकियों को याद रखते हैं।

आपका मस्तिष्क कहानी के बारे में लगातार जानकारी हासिल करता है। क्योंकि मस्तिष्क का वह भाग जो याददाश्त को नियंत्रित करता है, उत्तेजित होता है। और यह प्रक्रिया मस्तिष्क के उस भाग के लिए व्यायाम की तरह होता है, जिसके परिणामस्वरूप आपकी याददाश्त में सुधार होता है।

6. फ़ोकस और एकाग्रता होती है बेहतर

व्यस्त जीवनशैली में, हमारा ध्यान पूरे दिन अलग-अलग दिशाओं में आकर्षित होता है। अध्ययनों से पता चला है कि हर 5-मिनट की अवधि में, औसत व्यक्ति किसी टास्क पर काम करने, ईमेल को चेक करने, सोशल मीडिया पर नजर रखने, अपने स्मार्टफोन की निगरानी करने और कुछ लोगों के साथ (ऑनलाइन या किसी व्यक्ति से) बातचीत करने के बीच अपना समय व्यतीत करेगा।

बेशक, इस प्रकार का विचलित व्यवहार आपके अंदर तनाव पैदा करता है और आपकी प्रोडक्टिविटी को कम करता है। जब आप एक

पुस्तक पढ़ते हैं, तो आपका सारा ध्यान इस बात पर केंद्रित होता है कि आप क्या पढ़ रहे हैं- जिससे बाकी दुनिया का ध्यान फीका पड़ जाता है,

क्योंकि आप पुस्तक के Details में खुद को डुबो देते हैं। हर दिन कम से कम 20 मिनट पढ़ने से आपकी एकाग्रता में सुधार होगा, और आप इस बात पर चकित हो जाएंगे कि आपकी एकाग्रता पहले से कितनी बेहतर हो गयी है।

पढ़ने से फोकस कैसे बढ़ता है?

कुछ भी पढ़ने के लिए हमें फ़ोकस की आवश्यकता होती है। जब आप कोई पुस्तक या कोई लेख पढ़ने के लिए बैठते हैं, तो आपको कुछ भी समझ में नही आएगा कि आप क्या पढ़ रहे हैं जब तक आप उस पर अपना ध्यान केंद्रीत नही करते हैं। सोचिये आप किसी विषय की समस्या को हल कर रहे हैं, फिर कैसे रहेगा।

उसे ठीक से हल करने के लिए आपको अपना ध्यान समस्या पर केंद्रीत करना होगा। यही प्रक्रिया पढ़ने के लिए की जाती है। जिस तरह मस्तिष्क में याददाश्त की प्रक्रिया होती हैं, ठीक उसी तरह मस्तिष्क के द्वारा ही आपका ध्यान एक चीज पर केंद्रीत किया जाता है। जो आपकी सम्पूर्ण एकाग्रता को बेहतर बनाने में मदद करता है।

7. बेहतर लेखन कौशल

पढ़ाई स्वास्थ्य लाभ के साथ ही जीवन के अन्य पहलुओं के लिए भी बहुत लाभकारी होता है। जो लोग लिखते हैं, वे पढ़ने के महत्व को बखूबी जानते हैं। क्योंकि पढ़ना आपकी शब्दावली में विस्तार करने के साथ-साथ आपके खुद के लेखन कौशल पर सकारात्मक प्रभाव डालता है। कई सफल लेखकों ने दूसरों के कार्यो को पढ़कर अपनी विशेषज्ञता हासिल की है। पढ़ने से आप अन्य लेखकों के विभिन्न लेखन शैलियों का अवलोकन करते हैं। उन्हें देखते हैं। जिससे आपके खुद के लेखन की कला पर भी प्रभाव पड़ता है।

25
सक्सेसफुल लोगों की अच्छी आदतें

दुनिया मे सभी लोग **सफललोगकी** list में शामिल होना चाहते हैं । और हममें से अधिकतर लोग यह भी जानते हैं कि सभी सफल लोगों में कुछ सामान्य Habits होती हैं। जिन्हें अपनाकर कोई भी इंसान **सफलता** को पा सकता है।

1. एक निश्चित लक्ष्य

दुनिया के सभी**successful**इंसानों की सबसे बड़ी खासियत होती है कि वो जो भी करते हैं उसके पीछे एक मकसद होता है, कोई लक्ष्य होता है। जिसके लिए वो मेहनत करते हैं। उन्हें निश्चित रूप से यह पता होता हैं कि उन्हें जिंदगी से क्या चाहिए। और यही वजह है कि वो उसे प्राप्त भी कर लेते हैं।

क्योंकि जब आपके पास कोई निश्चित लक्ष्य होता है, तभी आप उसे पूरा करने के लिए एक्शन ले पाते हैं। परन्तु आम लोगो की मुख्य समस्या यह है कि वो कभी तय ही नही करते कि उन्हें जीवन में क्या चाहिए।

उनकी जिंदगी में कोई भी निश्चित लक्ष्य नहीं होता। जिससे वे एक कटी पतंग की तरह होते हैं। जिधर भी हवा चली उसी दिशा में उड़ जाते हैं। और बिना किसी निश्चित लक्ष्य के इधर से उधर भटकते रहते हैं। जीवन को सही दिशा देने के लिए जल्दी ही यह सुनिश्चित करें कि आप आज से पांच साल बाद या दस साल बाद कहा पर होना चाहते हैं। किस मुकाम तक पहुंचना कहते हैं। अगर जीवन में कुछ हट के करना चाहते हैं तो आज ही अपना लक्ष्य सुनिश्चित करें।

2. वे जिम्मेदारियों को स्वीकार करते हैं

हर सफललोगएक अच्छा लीडर होता हैं और एक अच्छे लीडर की पहचान यह होती है कि वो अपने जिंदगी में जो भी करते हैं उसकी जिम्मेदारी वो स्वयं लेते हैं। वो कभी इससे कतराते नही हैं। चाहे वह जीवन की सबसे बड़ी हार ही क्यों न हो।

शिखर तक पहुंचने के लिए हमें अनेक मुश्किलों के बीच से गुजरना पड़ता है। और हर सच्चे विजेता की एक आदत होती है कि वो हर फेलियर हो एक चैलेंज की तरह स्वीकारते हैं। और डट कर उसका सामना करते हैं।

इसी वजह से सक्सेस को भी इन जिद्दी लोगों के सामने झुकना पड़ता हैं। परन्तु कई लोगो की आदत यह होती है वो अपने फेलियर की वजह हमेशा दूसरों को बनाते हैं। और परिणाम यह होता हैं कि वो उस गलती को कभी ढूढ़ ही नही पाते जो उनके हार की वजह थी। इसलिए हमेशा अपने हर फेलियर की जिम्मेदारी स्वयं लो जिससे आप यह जान पाओ कि किन कारणों से आपको हार का सामना करना पड़ा। और अगली बार उन्हें दोहराने से बच सकें।

3. वे अनुशासित होते हैं

Success कभी भी सिर्फ कुछ दिनों की मेहनत से नहीं आती। इसके लिए हमें एक नियमित शेड्यूल के साथ लंबे समय तक काम करने की

आवश्यकता होती हैं। हर **सफललोग**अपने दिन के रूटीन, अपने शेड्यूल को लेकर बहुत ज्यादा अनुशासित होते हैं। पूरे दिन भर में, सप्ताह में और महीने में क्या करना हैं इन सबका शेड्यूल उनके पास पहले से ही तैयार होता हैं।

यही कारण है कि उनकी <u>प्रोडक्टिविटी</u> किसी सामान्य इंसान से ज्यादा होती है। क्योंकि उनका समय इस बात को सोचने में वेस्ट नही होता कि आज उन्हें क्या करना हैं। जबकि कुछ लोगों कि कोई भी निश्चित दिनचर्या नहीं होती, न ही सोने का समय निश्चित हैं और न ही उठने का। न कोई शेड्यूल या टाइम टेबल।

ऐसे में हमारे साथ यह होता है कि हम करने कि तो बहुत कुछ सोचते हैं परंतु काम के वक्त जरूरी कामों को भूल जाते हैं। एक भी काम ठीक से याद नही आता और प्रोडक्टिविटी एकदम जीरो हो जाती है। इसीलिए आप हमेशा अपने दिन के कार्या को उनकी इम्पॉर्टेंस के अनुसार शेड्यूल करना सीखें ताकि अपनी प्रोडक्टिविटी को बेहतर कर सकें। इसके साथ ही आप जो भी रूटीन बनायें उनका अनुशासन के साथ पालन करें।

4. Self-development

दोस्तों क्या आपके मन में कभी यह विचार आया कि क्यों अमीर लोग और अधिक अमीर होते जाते हैं, जबकि गरीब लोग और अधिक गरीब? क्यों कुछ लोग एक दिन में इतना कमा लेते हैं जितना बाकी लोग पूरे साल में भी नही काम पाते है? दोस्तों यह अंतर है उनके व्यक्तिगत ज्ञान की वजह से।

आम लोगों की यह सोच होती है कि वो सब कुछ जानते हैं। उन्हें कुछ भी नई चीज सीखने की आवश्यकता नहीं हैं । जबकि कामयाब लोगों के साथ इसका ठीक उल्टा होता हैं। हर वक्त कुछ न कुछ नया सीखना कामयाब लोगों की आदत होती है। क्योकि वे इस बात को भलीभांति जानते हैं कि वे खुद को जितना बेहतर बनाएगें उतनी ही उसकी वैल्यू बढ़ेगी।

क्योंकि आज वे सभी लोग जिस भी स्थिति में (जिस Position पर) हैं यह सिर्फ और सिर्फ उनके ज्ञान की वजह से हैं। **So never stop learning.** जब भी मौका मिले नई चीजें सीखते रहें और खुद को बेहतर बनाते रहें।

5. *Reading habits*

सोचिये अगर दुनिया के Successful personजैसे कि बिल गेट्स, वॉरेन बफ़ेट या आप जिस फील्ड में काम करते हो उस क्षेत्र से सफल लोग आपके दोस्त होते तो कितना अच्छा होता। आप उनसे कितना कुछ सीख सकते। आपको बढ़िया Business की सलाह मिलती।

कहा जाता हैं कि आप की आदतें वैसे ही होती हैं जिस तरह आपके सबसे करीबी दोस्त होते हैं। दोस्तों हर सफल लोगों का समय बहुत ही कीमती होता हैं। और यह सम्भव भी नही की वे लोग आपके पास बैठ कर आपको सलाह दे सके। और अगर आप खुद से हर चीज का अनुभव प्राप्त करने जाएं तो आपकी जिंदगी बहुत छोटी पड़ जाएगी।

इसलिए हमें दुसरो के अनुभवों से चीजे सीखनी चाहिए। और दूसरों के अनुभव को जानने का सबसे बेहतर तरीका है रीडिंग। जी हां दोस्तों रीडिंग से आप वह सब कुछ जान सकते हैं हो जो भी आप सीखना चाहते हो। और दुनिया के सभी सफल लोगों में ये Habits जरूर होती है

90 साल की उम्र में वारेन बफ़ेट आज भी 500 पेज हर रोज पढ़ते हैं क्योंकि वे जानते हैं की इनकी दौलत इनका पैसा नही उनका ज्ञान हैं। इसलिए रीडिंग को अपनी आदत बनाएं और अपने ज्ञान और अनुभव को इम्प्रूव करें, जिससे आप हर उस लक्ष्य को प्राप्त कर सकें जो आज आपका सपना है।

26

जल्दी याद करने का तरीका

जब हम सब पढ़ाई कर रहे होते हैं तो किसी भी टॉपिक को जल्दी से जल्दी याद करने के लिए हमेशा याद करने का सबसे आसान तरीका ढूढ़ते हैं। अगर आप लोगों से सवाल करें कि जल्दी याद करने का तरीका क्या है तो सबसे ज्यादा बार हमें जो सुनने को मिलता है वो 'दोहराना'।

लेकिन ऐसे लोग जो याददाश्त के खिलाड़ी हैं उनका जवाब होता है कि लंबे समय तक याद रखने के लिए सिर्फ दोहराना काफी नहीं है। इसके लिए हमें इच्छाशक्ति के साथ ही चीजों को याद करने के लिए ध्यान से पढ़ने, सीखने और समझने की भी आवश्यकता होती है। तो आप किसी चीज को तेजी से याद कैसे कर सकते हैं?

आज के इस अध्याय में आप किसी भी चीज को जल्दी से और आसानी से याद करने का तरीका सीखेंगे जिससे आप पढ़ाई करते समय कम समय में ज्यादा से ज्यादा याद कर सकें। तो आइए जानते हैं -

1. याद करने से पहले अपने अधूरे काम पूरा कर लें

अक्सर देखा गया है कि जब हम किसी कार्य को अधूरा छोड़कर दूसरे काम में लग जाते हैं तो पिछला अधूरा कार्य हमें बार बार याद आता रहता

है। जिसके कारण हम नए काम पर ठीक से फोकस नहीं कर पाते है। इसलिए जब आप पढ़ाई करने बैठे तो अपने अधूरे कामों को पूरा कर लें। इससे आप आंतरिक डिस्ट्रैक्शन से बचे रहेंगे और ध्यान से पढ़ पाएंगे।

2. अच्छी तरह याद करने के लिए रटना छोड़े

किसी टॉपिक को जल्दी याद करने के लिए ज्यादातर स्टूडेंट्स जो तरीका अपनाते हैं वो है 'रटना'। इस तरीके से हम टॉपिक को याद तो कर लेते हैं पर कुछ ही दिनों में भूल जाते हैं। शायद अगले ही दिन। रटना याद करने का सबसे गलत तरीका है। रटते समय हम बिना सोचे समझे ही शब्दों को जल्दी से और बार-बार पढ़कर याद करने की कोशिश करते हैं। इससे उत्तर हमारे दिमाग में पूरी तरह संचित नहीं हो पाता और हम जल्दी ही सब कुछ भूल जाते हैं।

3. Distraction से बचे

कार्य के बीच में डिस्ट्रैक्शन किसी भी कार्य के पूर्ण होने की सबसे बड़ी बाधा हैं। डिस्ट्रैक्शन मुख्यतः दो तरह से हो सकता है।

बाहरी डिस्ट्रैक्शन

पढ़ाई के बीच में इस तरह के भटकाव का सामना हर स्टूडेंट्स करते हैं। फोन का नोटिफिकेशन, पास पड़ोस के तेज आवाजें, घर के सदस्यों का पुकारना आदि। हम सबके साथ सबसे बड़ी समस्या यह है कि हम सिर्फ इसी डिस्ट्रैक्शन पर ज्यादा ध्यान देते हैं और इसी पर अपनी प्रतिक्रिया देते हैं।

आंतरिक डिस्ट्रैक्शन

हमारे दिमाग में चल रहे विचार, इच्छाएं, चिंता आदि इस तरह के डिस्ट्रैक्शन पर हम सब बिल्कुल भी ध्यान नहीं देते, लेकिन यह सबसे अधिक महत्वपूर्ण है। जब हम पढ़ने बैठते हैं, तो तरह-तरह के विचार मन में आते हैं जैसे- दोस्त का बर्थडे आने वाला है, अच्छी मूवी आयी है, मार्केट में छूट चल रही है शॉपिंग करना है इत्यादि।

आजकल लोगों में यह एक आदत सी बन गई है, और वे चाहकर भी इन विचारों को नहीं रोक पाते हैं। जो भूलने का सबसे बड़ा कारण है। जब आप पढ़ाई शुरू करें तो सबसे पहले अपने पसंद की एक शांत जगह चुन लें, फोन को अपने से दूर कर दें या सभी नोटिफिकेशन को बंद कर दें। मन के विचारों पर ध्यान न देकर फोकस के साथ टॉपिक को पढ़े और याद करें। इससे आपके सीखने और समझने की क्षमता बढ़ेगी और एक बार पढ़ी हुई चीजों को लंबे समय तक याद रख पाएंगे।

4. टॉपिक के मेन मैसेज को समझें

हर एक टॉपिक में एक नई इंफॉर्मेशन होती है। इसका एक कोर मैसेज होता है जिसे हम पढ़ कर समझते हैं। Textbook में लेसन को समझाने के लिए लेखक पैराग्राफ में तकनीकी शब्दों, संख्याओं या नाम आदि का प्रयोग करते हैं।

इससे पैराग्राफ काफी लंबा हो जाता है और याद करने में भी मुश्किल लगता है। इसलिए याद करने से पहले टॉपिक को पूरा पढ़े और उसके मेन मैसेज को समझने की कोशिश करें। जरूरी हो तो दूसरे लेखक की किताबों का सहारा लें, ब्लॉग पढ़े या यूट्यूब पर वीडियो देखें। अगर आप चाहते हैं कि सब्जेक्ट को अच्छे से याद कर पाएं तो शुरुआत में एक्सट्रा इन्फॉर्मेशन को अवॉयड करें और सिर्फ टॉपिक के मेन मैसेज को समझने पर ध्यान केंद्रित करें।

5. दोहराने के लिए *Retrieval Effect* का प्रयोग करें

जब आप किसी टॉपिक को पहली बार पढ़ते हैं तो पूरे मन से और ध्यान लगाकर पड़ते हैं और उसमें दी हुई ज्यादातर इन्फॉर्मेशन को समझ जाते हैं। लेकिन दोहराते समय ज्यादा ध्यान पूर्वक नहीं पढ़ते, क्योंकि आप और आपका मस्तिष्क जानते हैं कि यह पहले पढ़ चुके हैं, इसे दोबारा से पढ़ रहे हैं। इस वजह से रिवीजन करने के बावजूद इन्फॉर्मेशन ठीक से दिमाग तक पहुंच नहीं पाता हैं और आप कुछ ही दिन बाद उसे भूल जाते हैं। इसलिए पढ़ा हुआ देर तक याद करने के लिए रिवीजन करने का स्मार्ट तरीका अपनाएं।

READ

आप जिस भी टॉपिक या चैप्टर को याद करना चाहते हैं सबसे पहले उसे एक बार ध्यानपूर्वक और पूरा पढ़े।

QUIZ

पढ़ लेने के बाद उस टॉपिक से सम्बंधित ज्यादा से ज्यादा प्रश्न बनाये। इसके लिए आप चैप्टर के अंत में दिए हुए प्रश्नों को लें, पिछले साल के प्रश्नपत्रों से और खुद से भी अलग अलग प्रश्न बनाएं और लिख लें।

• चुने हुए प्रश्नों में से एक प्रश्न लें और पढ़े हुए टॉपिक को याद करके इसका उत्तर लिखने की कोशिश करें। पहली बार में शायद ज्यादा न लिख पाएं फिर भी जितना याद हो उतना लिखने की कोशिश करें।

• लिखने के बाद अब टॉपिक में से अपने प्रश्न का उत्तर ढूढ़ते हुए इसे दोबारा से पढ़े। इसी तरह सभी प्रश्नों के लिए यही प्रक्रिया दोहराएं।

जब आप किसी चैप्टर को सिर्फ पढ़कर दोहराने की बजाय उसमें प्रश्नों का उत्तर ढूढ़ते हुए पढ़ते हैं। यानी Quiz Based Study करते हैं तो चैप्टर को हर बार ध्यान लगाकर पढ़ते हैं और एक ही इन्फॉर्मेशन को बार-बार और अलग-अलग तरीके से मस्तिष्क तक पहुंचते हैं।

इससे पढ़ी हुई चीजें मस्तिष्क में लंबे समय के लिए स्टोर हो जाती है। इस तरह याद करने से आवश्यकता होने पर आप कंफ्यूज नहीं होते

और सही उत्तर प्राप्त कर लेते हैं।

6. माइंड मैप तैयार करें।

माइंड मैप तैयार करना, किसी भी इन्फॉर्मेशन को समझने और याद रखने के प्रभावशाली तरीकों में से एक है। आप जिस भी चैप्टर को याद करना चाहते हैं सर्वप्रथम उसे ध्यान पूर्वक पढ़े और समझें। तत्पश्चात एक पेज के मध्य में चैप्टर का नाम लिखे, उसके मुख्य टॉपिक, Heading, Subheading, महत्वपूर्ण पॉइंट्स और सूत्रों को पेड़ की शाखाओं की तरह लिखकर एक डायग्राम के रूप में तैयार करें।

इससे आप सम्पूर्ण अध्याय को एक ही पेज पर लिख कर बहुत ही सरलता से समझ सकते हैं और याद कर सकते हैं। रिवीजन करते समय पूरे अध्याय को पढ़ने की बजाव माइंड मैप को पढ़ कर याद किया जा सकता है। इससे आप अपने बहुमूल्य समय की बचत भी कर सकते हैं।

7. पढ़ाई के बीच में कुछ देर का ब्रेक लें।

अगर आप देर तक बिना किसी ब्रेक के पढ़ाई करते हैं तो कुछ समय बाद आपका फ़ोकस कम होने लगता हैं, या आप बोर होने लगते हैं और पढ़ा हुआ कुछ भी समझ में नही आता। क्योंकि पढ़ाई के बीच डिस्ट्रैक्शन और थकान से मस्तिष्क एक चीज पर ज्यादा समय तक फ़ोकस नहीं कर पाता। इसलिए पढ़ाई के पूरे Session को 25 से 30 मिनट के कई भाग में बांट लें। 25 मिनट पूरे होने पर 5-7 मिनट का ब्रेक लें। ऐसा करने से आपकी फोकस करने की क्षमता में विकास होगा और याददाश्त भी बेहतर होगी।

8. चित्र के रूप में याद करें।

अक्सर हम यह अनुभव करते हैं कि हम किसी घटना, जगह, मूवी, फ़ोटो, कहानी या अनुभव की हुई सभी चीजों को बहुत लंबे समय तक

याद रखते हैं। जब भी इनका जिक्र होता है हमें सब कुछ याद हो जाता है। जबकि पढ़ा हुआ बहुत ही जल्दी भूल जाते हैं। विभिन्न प्रकार की इन्फॉर्मेशन हमारे दिमाग में अलग-अलग रूप में इकट्ठा होती है। हर व्यक्ति के याद करने का तरीका भिन्न होती है और इन्हीं में से एक है माइंड पैलेस तकनीक। आप इसका अभ्यास कर सकते हैं। इसमें हमारा मस्तिष्क किसी भी सूचना को चित्र के रूप में याद रखता है। जब हम किसी चीज को वास्तविक दुनिया में देखते है या अनुभव करते है तो वह लंबे समय तक याद रहती है। जब आप किसी टॉपिक को पढ़े तो उनमें बताए गए तथ्यों को अपने वास्तविक जीवन से जोड़ कर देखें। मस्तिष्क में एक काल्पनिक चित्र बनाने की कोशिश करें। इसे किसी स्थान, व्यक्ति या टॉपिक से संबंधित अन्य चीजों से जोड़ कर एक स्टोरी के रूप में याद करने की कोशिश करें। इससे आपको टॉपिक को लंबे समय तक याद रखने में मदद मिलेगी।

9. बोल कर पढ़े।

किसी चीज को लंबे समय तक याद रखने के लिए बोलकर पढ़ना भी मददगार साबित होता है। क्योंकि बोलकर पढ़ने से हमारा मस्तिष्क, कान और जीभ तीनो एक साथ एक्टिव होते हैं। इससे शब्दों के पहचान की स्पष्टता, उनका सही उच्चारण और स्पीकिंग स्किल्स में सुधार होता है।

इसके साथ ही बोलकर पढ़ने से विषय भूलने की समस्या बहुत कम हो जाती है। लेकिन जब आप टॉपिक को गहराई से समझने के लिए पढ़ रहे हैं तो उस वक्त बोल कर पढ़ना सही नहीं है।

10 . दोस्तों के साथ टॉपिक पर चर्चा करें या उन्हें समझाएं

अध्ययनों में यह पाया गया हैं कि किसी भी जानकारी को अच्छी तरह याद करने के लिए दूसरों को पढ़ाना या समझाना बहुत ही अच्छा तरीका

है। क्योंकि इससे आप अपनी स्मृति में इकट्ठा की गयी जानकारी को प्राप्त करने के लिए दिमाग पर जोर देकर याद करने की कोशिश करते हैं। साथ ही दूसरों के सवालों के जवाब देने के लिए ध्यान पूर्वक पढ़ते हैं और याद करते हैं। जब आप पूरा चैप्टर पढ़ लें और याद कर लें तो उसे किसी अन्य को पढ़ाएं या दोस्तों के साथ डिसकशन करें। अगर पढ़ाना सम्भव नहीं है तो स्वतः ही अपने दिमाग में काल्पनिक रूप से सोच कर अभ्यास करें कि आप किसी दूसरे को पढ़ा रहें है। इससे आप यह जान पाएंगे कि आपको कितना याद है और क्या भूल रहे हैं। इस तरह जब आप दोबारा से उस चैप्टर को पढ़ेंगे तो सब कुछ याद हो जाएगा और आप कभी नहीं भूलेंगे।

आप चाहे कोई नई भाषा सीखते हों, परीक्षा की लिए तैयारी करना चाहते हों या किसी स्पीच के तैयारी कर रहें हो, स्मृति हमारे जीवन के लगभग हर क्षेत्र में हमारी सहायता करती है। किसी भी चीज को जल्दी याद करने के लिए हमारा एकाग्रचित होना बहुत महत्वपूर्ण है।

आशा है यह लेख आपकी पढ़ाई में अध्याय को याद रखने में मदद करेगा। अधिक लाभ लेने के लिए अपने साथ अपने दोस्तों और परिजनों के साथ भी शेयर करें। आपको यह लेख 'जल्दी याद करने का तरीका' कैसा लगा हमें कमेंट में लिखकर बताएं।

27

अपने माता-पिता से पूछे कि क्या आपको सही परवरिश दे रहे है ?

शहर से कुछ दूरी पर बसे एक मोहल्ले में रुचिका अपने हस्बैंड के साथ रहती थी. उसके ठीक बगल में एक बुजर्ग व्यक्ति अकेले ही रहा करते थे, जिन्हें सभी "दादा जी" कह कर बुलाते थे. एक बार मोहल्ले में एक पौधे वाला आया. उसके पास कई किस्म के खूबसूरत, हरे-भरे पौधे थे ।

रुचिका और दादाजी ने बिलकुल एक तरह का पौधा खरीदा और अपनी-अपनी क्यारी में लगा दिया. रुचिका पौधे का बहुत ध्यान रखती थी. दिन में तीन बार पानी डालना, समय-समय पर खाद देना और हर तरह के कीटनाशक का प्रयोग कर वह कोशश करती की उसका पौधा ही सबसे अच्छा ढंग से बड़ा हो ।

दूसरी तरफ दादा जी भी अपने पौधे का ख़याल रख रहे थे, पर रुचिका के तुलना में वे थोड़े बेपरवाह थे... दिन में बस एक या दो बार ही पानी डालते, खाद डालने और कीटनाशक के प्रयोग में भी वे ढीले थे ।

समय बीता. दोनों पौधे बड़े हुए.

रुचिका का पौधा हरा-भरा और बेहद खूबसूरत था. दूसरी तरफ दादा जी का पौधा अभी भी अपने सर्वश्रेष्ठ रूप में नहीं आ पाया था. यह देखकर रुचिका मन ही मन पौधों के विषय में अपनी जानकारी और देखभाल करने की लगन को लेकर गर्व महसूस करती थी ।

फिर एक रात अचानक ही मौसम बिगड़ गया. हवाएं तूफान का रूप लेने लगीं...बादल गरजने लगे... और रात भर आंधी-तूफ़ान और बारिश का खेल चलता रहा. सुबह जब मौसम शांत हुआ तो रुचिका और दादा जी लगभग एक साथ ही अपने अपने पौधों के पास पहुंचे. पर ये क्या ? रुचिका का पौधा जमीन से उखड़ चुका था, जबकि दादा जी का पौधा बस एक ओर जरा सा झुका भर था ।

"ऐसा क्यों हुआ दादाजी, हम दोनों के पौधे बिलकुल एक तरह के थे, बल्कि आपसे अधिक तो मैंने अपने पौधे की देख-भाल की थी... फिर आपका पौधा प्रकृति की इस चोट को झेल कैसे गया जबकि मेरा पौधा धराशायी हो गया?", रुचिका ने घबराहट और दुःख भरे शब्दों में प्रश्न किया ।

इस पर दादाजी बोले, "देखो बेटा, तुमने पौधे को उसके ज़रुरत की हर एक चीज प्रचुरता में दी... इसलिए उसे अपनी आवश्यकताएं पूरी करने के लिए कभी खुद कुछ नहीं करना पड़ा... न उसे पानी तलाशने के लिए अपनी जड़ें जमीन में भीतर तक गाड़नी पड़ीं, ना कीट-पतंगों से बचने के लिए अपनी प्रतिरोधक क्षमता पैदा करनी पड़ी...नतीजा ये हुआ कि तुम्हारा पौदा बाहर से खूबसूरत, हरा-भरा दिखाई पड़ रहा था पर वह अन्दर से कमजोर था और इसी वजह से वह कल रात के तूफ़ान को झेल नहीं पाया और उखड़ कर एक तरफ गिर गया ।

जबकि मैंने अपने पौधे की बस इतनी देख-भाल की कि वह जीवित रहे इसलिए मेरे पौधे ने खुद को ज़िंदा रखने के लिए अपनी जड़ें गहरी जमा लीं और अपनी प्रतिरोधक क्षमता को भी विकसित कर लिया और आसानी से प्रकृति के इस प्रहार को झेल गया." रुचिका अब अपनी गलती समझ चुकी थी पर अब वह पछताने के सिवा और कुछ नहीं कर सकती थी ।

दोस्तों, आज कल families छोटी होने लगी हैं. अधिकतर couples 2 या सिर्फ 1 ही बच्चा कर रहे हैं. ऐसे में माता-पिता बच्चों की care करने में उन्हें इतना pamper कर दे रहे हैं कि बच्चे को खुद grow करने और challenges face करने का मौका ही नहीं मिल रहा. As a result वे emotionally और physically मजबूत बनने की जगह कमजोर बन जा रहे हैं ।

बच्चों को पालना और plants की देखभाल करने में काफी Similarities हैं... ऐसे ही छोड़ देने पर बच्चे और प्लांट्स दोनों बिगड़ जाते हैं और ज़रुरत से अधिक care करने पर वे कमजोर हो जाते हैं... इसलिए बतौर अभिभावक ज़रुरी है कि हम एक सही balance के साथ अपने बच्चों को पाले-पोसें और सही परवरिश दें ताकि वे उस पौधे की तरह बनें जो मुसीबतों के आने पर गिरें नहीं बल्कि अपना सीना चौड़ा कर उनका सामना कर सकें ।

आज खुद से एक प्रश्न करिए — *क्याआपअपनेबच्चेकोसहीपरवरिशदेरहेहैं?*

क्या आप दादा जी की तरह उन्हें ज़िन्दगी की चुनौतियों का सामना करने का अवसर दे रहे हैं या रुचिका की तरह उन्हें pamper कर के कमजोर बना रहे हैं? फैसला आपके हाथ में है... और मुझे पता है सही फैसला लेंगे ।

28

जो है उसी में खुशियां ढूंढो

ये कहानी है एक ऐसे व्यक्ति की जो ऑफिस में काम किया करता था। ऑफिस के काम के प्रेस्सेर की वजह से बहुत परेशान रहा करता था की इतना सारा काम है बॉस की डांट सुने को मिलती है । वही जो गुस्सा था ऑफिस का घर आकर के बच्चों पे निकालता था बीवी पे निकलता था घर में झगड़ा करता था। उसे लग रहा था की उसकी लाइफ का होना न होना बराबर है।

जब कोई दोस्तों के कॉल आते थे तो कॉल कट कर देता था रिश्तेदारों के आते थे गुस्सा करने लगता था। एकदिन ये अपने घर में ऐसे ही बैठा हुआ था । उसका बच्चा इसके पास में आया और आकर के बोला की पापा मेरी मदद कर दीजिये मुझे होम वर्क करवा दीजिये तो फिर इसने अपने बच्चे को डाट दिया डाट कर के भगा दिया की जाओ यहाँ से मैं होम वर्क करने के लिए बैठा हु यहाँ पे।

थोड़ी देर के बाद में जब इसका गुस्सा ठंडा हुआ तो इसको लगा की जाकर के एक बार बच्चे की मदद करनी चाहिए उसका होम वर्क करवाना चाहिए तो ये उस बच्चे के कमरे में गया तो देखा बैठा की वो सो चूका था । बच्चे ने होम वर्क की कॉपी उसने अपने सर पे रखी हुई थी होम वर्क करते करते ही सो गया था इसने कॉपी उठाया और इसको लगा की इस

कॉपी को निचे रखा देतें है ताकि बच्चा आराम से सो सके लेकिन जैसे ही ये कॉपी निचे रखने वाला था ।

इसने पढ़ा की इसमें लिखा क्या हुआ है इसको लगा की एक बार पढ़ लेते हैं बच्चा काम क्या कर रहा था ऐसा जिसमे इसको मदद चाहिए थी तो जो होम वर्क था उसका शिरस्क था "। वो काम जो हमें शुरू में अच्छे नहीं लगते लेकिन बाद में धीरे धीरे धीरे अच्छे लगने लगतें हैं" इस शिरस्क पे बच्चे को एक निबंध लिखना था बच्चे ने एक पेराग्राफ लिख दिता था तो इसने पढ़ना शुरू किया बच्चे ने सबसे पहले लिखा था ।

थैंक यू सो मच फाइनल एग्जाम का जो शुरू में हमें बुरे लगते लेकिन उनकी वजह से बाद में गर्मियों की छुटियाँ आ जाती हैं, थैंक यू सो मच उन बेस्वाद कर्वी लगने वाली दवाइयों का जो शुरू में तो बिलकुल अच्छी नहीं लगती लेकिन बाद में उनकी वजह से हम सब कोई ठीक हो जातें हैं ।

फिर उस बच्चे ने आगे लिखा थैंक यू सो मच उस अलार्म क्लॉक का जो सुबह सुबह हमें जगा देती है हमें अच्छा नहीं लगता लेकिन उसकी वजह से जब हम जाग जाते तो हमें मालूम चलता है की हम जिन्दा है, थैंक यू सो मच ऊपर वाले का भगवन को उस बच्चे ने धन्यावद कहा की आपकी वजह से मेरे पापा मेरी जिंदगी में आएं , मेरे पापा शुरू में तो मुझे डाटते है मुझे बिलकुल अच्छा नहीं लगता लेकिन बाद में मुझे घूमने के लिए ले जातें हैं ।

अच्छा अच्छा खाना खिलतें हैं खिलोने दिलाते हैं तो ऊपर वाले आपका धन्यवाद की आपने मेरे पापा को मेरी लाइफ में भेजा क्यों की मेरे एक दोस्त तो पापा ही नहीं हैं। ये जो आखरी की लाइन थी इस लाइन ने इस आदमी को झंझोर दिया अंदर तक हिला कर के रख दिया ये नींद से जग गया और इसको लगा की इसकी लाइफ में क्या कुछ है जो ये होते हुए भी मिस कर रहा है ।

उस बच्चे के निबंद को कॉपी करते हुए ये बरबराने लगा बोलने लगा हे ऊपर वाले थैंक यू सो मच आपकी वजह से मेरे पास में घर है कइयों के पास तो घर भी नहीं क्या हुआ अगर मैं EMI चूका रहा हु । तो इसके बाद उसने बोला थैंक यू सो मच ऊपर वाले आपकी वजह से मेरे पास में

परिवार है कइयों के पास तो परिवार भी नहीं होता वो दुनिया में अकेले होतें हैं ।

इस आदमी ने बोलाथैंक यू सो मच ऊपर वाले आपकी वजह से मेरे पास ऑफिस है वर्क है वर्क प्रेशर है थोड़ा प्रेशर है मेरे पास में जॉब तो है कइयों के पास तो जॉब होती ही नहीं हैं, हे ऊपर थैंक यू सो मच इस लाइफ के लिए जो आपने मुझे दी। छोटी सी कहानी बहुत बड़ा पॉजिटिव का मांत्र देती है जिंदगी में जो मिला है उसमे खुशियां ढूंढिए।

29

गुस्से पर काबू कैसे करे

गुस्सा इंसान के अंदर एक ऐसा स्ट्रांग इमोशन है कि अगर ये कंट्रोल न किया जाये तो आपके अंदर तबाही ला सकता है। और अगर आप भी ऐसे लोगो में हैं जिनको गुस्सा खूब आता है तो ये चैप्टर आपके लिए है।

चलिए मैं इस बात को आपको एक कहानी के जरिये समझाता हूँ। एक बार बाप और बेटे होते हैं जो एक साथ रहते हैं। बेटे को बहुत गुस्सा आता था जो किसी को भी कुछ बोल देता था। बाप को बेटे के इस बर्ताव के कारण बह दिक्कत होती थी। एक दिन उसने सोचा कि वो अपने बेटे से इस बारे में बात करेगा, वो अपने बेटे को बुलाता है और बोलता है कि मैं तुम्हारे बर्ताव से बहुत परेशान हूँ। वो अपने बेटे से कहता है मैं चाहता हूँ कि तुम मेरी एक बात मानो और अपने बेटे को कीलों से भरा हुआ एक बॉक्स देता है और बोलता है कि जब भी तुमको गुस्सा ए तुम एक कील दीवार में ठोंक देना। बेटा बोलता है। कि ठीक है पिता जी मैं ऐसा ही करूंगा। अब होता ये है कि बेटे को आता है और वो एक ही दिन में 15-20 कील दीवार में ठोंक देता है। ऐसा लगातार कई दिनों तक होता है। एक दिन ऐसा आता है कि बेटे को लगता है। कि वो कुछ तो गलत कर रहा है और वो अपने गुस्से पर काबू करेगा। आने वाले दिनों में दीवार पर कीलों की संख्या काम हो जाती है। जो पहले दिन की 15-20 हुआ करती थीं वो

अब 7-8 हो गयीं। धीरे-धीरे ये संख्या कम होती रही और एक दिन ऐसा आया जिस दिन दीवार पर एक भी कील नहीं ठोकी गयीं। जब बेटे को ये समझ आया कि उसका गुस्सा काफ़ी हद तक शांत हो गया है तो उसने अपने पिता जी को धन्यवाद दिया।

अब पिता जी बेटे से दूसरी विनती करते हैं और कहते हैं कि बेटा जब मो तुमको गुस्सा आएगा तब तुम एक कील दीवार से निकलना और उस बॉक्स में वापस डाल देना। बेटे ने वही किया और एक दिन आया जब दीवार पर कोई भी कील नहीं बची। बेटे ने अपने पिता जी को बहुत धन्यवाद दिया और सोचा की वो बेटे की तारीफ करेंगे। पिता जी ने बेटे से कहा की बेटा मैं आज बहुत खुश हूँ और कहा कि बेटा मैं तुम्हें कुछ दिखाना चाहता हूँ। वो बेटे को दीवार के पास ले गए और दीवार की तरफ़ इशारा किया कि देखो इसमें कितने छोटे छोटे छेद हो गए हैं। पिता जी ने कहा कि हमारी जिंदगी भी इसी दीवार की तरह है और जब भी तुमने गुस्सा किया है किसी न किसी की जिंदगी में ऐसे ही छेद किये हैं। और जिसके ऊपर तुमने जितना गुस्सा किया है उसकी लाइफ उतनी ही खराब हुई है। जैसे आपने ये कील दीवार से निकल ली लेकिन छेद रह गए वैसे ही अगर किसी से माफी भी मांगी है तो उसके दिल में कड़वाहट तो होगी ही।

हम अपनी असल जिंदगी में ऐसे हालातों का सामना करते ही रहते हैं। हम इरिटेट होकर गुस्सा करते हैं और सामने वाले को कुछ भी ऐसा बोल जाते हैं जो हमें नहीं बोलना होता है। फिर चाहे वो हमारे पेरेंट्स हाँ, फ्रेंड्स हो या कोई और अगर किसी ने भी हमारे साथ पास्ट में बुरा किया है और आज वो अच्छा हो गया है फिर भी हमें उसकी पुरानी बातें याद रहती हैं। हमेशा यही होता है, कि हमको सामने वाले की अच्छाई नहीं दिखती है तो आप ही सोचो कि अगर आप किसी के साथ ऐसा करोगे तो उसे कैसा लगेगा, आपकी कड़वी बातें उस इंसान के साथ हमेशा रहती हैं। तो जब भी आपको गुस्सा आता है तो ये कील और दीवार वाली कहानी याद कर लें। मेरे पापा ने मुझे यही सिखाया है कि जब भी आप किसी से नाराज है या गुस्सा हैं तो आप उसको कहें कि आप उनसे कल बात करेंगे। क्योंकि अगले दिन आपका गुस्सा शांत हो जाएगा और आपका

लॉजिक काम करेगा।

30

अगर बुरा वक्त चल रहा है तो सब्र करे

एक बार की बात है एक राजा साहब के पास में बड़ा सुन्दर विशाल महल था और उस विशाल सी महल में एक सुंदर सी बगीची थी उस सुन्दर सी बगीची में एक माली था और अंगूरों की बेल थी माली जो था वो इस बात से परेशान था की अंगूरों की बेल पे रोजाना एक चिड़ियाँ आकर के आक्रमण करती थी और कुछ इस तरीके से वो आक्रमण करती थी जिसे की जो मीठे मीठे अंगूर थे उसे तो खा लेती थी जो अधपके थे और जो खटे अंगूर थे उसे ज़मीन पर गिरा देती थी।

माली इस बात से बड़ा परेशान चल रहा था की इस अंगूरों के बेल को ये चिड़ियाँ एक दिन तबाह कर देगी नस्ट कर देगी उसने बहुत कोसिस की लेकिन उसको कोई उपाय मिला नहीं तो वो राजा के पास पंहुचा और कहा मालिक हुकुम आपही कुछ कीजिये मुझसे कुछ हो नहीं पारहा है अंगूरों की बेल कभी भी ख़त्म हो सकती है राजाने कहा माली साहब आप चिंता मत कीजिये आपका काम मैं करूँगा। अगले दिन राजा साहब पहुंचे खुद और अंगूरों की बेल के पीछे जाके छुप गए और जैसे ही चिड़ियाँ आई राजा ने फुर्ती दिखाते हु चिड़ियाँ को पाकर लिया।

जैसे ही चिड़ियाँ को पकड़ा चिड़ियाँ ने राजा के कहा हे राजन मुझे माफ़ करना मुझे मत मारो मैं आपको चार ज्ञान की बातें बताउंगी राजा

बहुत घुसे में थे राजा ने बोला पहेली बात बताओ चिड़ियाँ ने कहा अपनी हाथ में आए शत्रु को कभी भी जाने न दे राजा ने कहा दूसरी बात बता चिड़ियाँ ने कहा कभी भी असम्भव बात पर यकीन न करें राजा ने कहा बहुत हो गया ड्रामा तीसरी बात बताओ चिड़ियाँ ने कहा बीती बात कर पछतावा न करें ।

राजा ने कहा अब चौथी बात बता अब खेल खत्म करता हु बहुत देर से परेशान कर रखा है चिड़ियाँ ने कहा राजा साहब अपने जिस तरीके से मुझे पाकर रखा है मुझे साँस नहीं आरही आप मुझे थोड़ी सी ढील देंगे तो शायद मैं आपको चौथी बात बता पाऊं राजा ने हलकी सी ढील दी और चिड़ियाँ उर कर के डाल पे बैठ गई चिड़ियाँ ने कहा मेरे पेट में दो हिरे हैं ये सुन कर के राजा पश्चाताप करने लगा उदाश हो गया और राजा की ये शक्ल देख कर के चिड़ियाँ ने ने बोला राजा साहब मैंने जो आपको अभी चार ज्ञान की बात बताई थी पहली बात बताई थी अपने शत्रु को कभी हाथ में आने के बाद छोड़ें न ।

आपने हाथ में आए शत्रु यानि मुझे छोर दिया दूसरी बात बताई थी असबभाव बात पर यकीन न करें , आपने यकीं कर लिया की मेरे छोटे से पेट में दो हिरे हैं ,तीसरी बात बताई थी की बीती हुई बात पर पश्चताप न करें आप उदास है आप पश्चाताप कर रहें है जबकि मेरे पेट में हिरे है ही नहीं उसको सोच कर के आप पश्चाताप कर रहें है। उस चिड़ियाँ ने राजा को नहीं हम सबको भी बताई हम सब भी जो बीती चूका होता है उस पर कई बार पश्चाताप कर रहें होतें हैं हमेशा भूतकाल में रहतें है और भविस का सोचतें नहीं हैं प्रेजेंट में रहना सुरु कीजिए । फ्यूचर की प्लानिंग करना सुरु कीजिये अपने सपनो को फॉलो करना सुरु कीजिये। जिंदगी में जो हो गया आपका उसपर कण्ट्रोल नहीं है लेकिन जो होगा उसको आप बदल सकते है।

31

Education V/S Skill

एक वर्कर बनाया जाता है या फिर एंप्लॉय बनाने के लिए तैयार किया जाता है दोस्तों हर कोई भीड़ से अलग बनना चाहता है कुछ हट के करना चाहता है , क्योंकि हर कोई जानता है अगर भीड़ का हिसा बन गए तो मुझे भी वही मिलेगा जो भीड़ को मिलेगा | पर ये सब जानने के बावजूद बहुत कम लोग ऐसे हैं जो कि इस रेस से बाहर आ पाते हैं और सिर्फ इसका एक रीजन है कि बचपन से सिर्फ | जो ज्यादा रटेगा , वो सबसे ज्यादा टैलेंटेड | ये सबसे बड़ी गलत सोच सोसाइटी ने पाल रखी है, और यही मेंटालिटी और यही माइंडसेट बचपन से बच्चो का बनाया जाता है |

15 हज़ार घंटे आपके दिमाग सिर्फ यही डाली गाती है | और इसमें सबसे बड़ा हाथ है हमारी सोसाइटी और स्कूल का , इसमें बच्चो के अन्दर का पूरी क्रिएटिविटी खत्म हो जाता है | और इसके वजह से जिंदगी भर इसी रेस में लगा होता है | जिसे हम 'रेट रेस' कहते हैं | और दोस्तों इसमें आपकी पेरेंट्स की भी कोई गलती नहीं है क्योंकि जो सोसाइटी जो स्कूलिंग सिस्टम जो आपको बना है , वही सोसाइटी और वही स्कूलिंग सिस्टम ने उन्हे भी बनाया है | रियल लाइफ किताबी दुनिया से बहुत ही अलग होता है | क्योंकि किताबी दुनिया में यानी कि स्कूल–कॉलेज में हम जितना भी कुछ सीखते है उनमें से 90% चीजों का रियल लाइफ से

कुछ लेना देना ही नहीं है | हमारे पेरेंट्स के पास तो कोई ऑप्शन नहीं था |

थैंकफुली अब हमारे पास इंटरनेट है और इस इस इंटरनेट से दुनिया के कई सारे स्किल को सिख सकते हैं | स्कूल-कॉलेज में जो अभी हम पढ़ते हैं न उनमें से 90% चीज़े कभी जिदंगी में इंप्लीमेंट ही नहीं होती है | में एक सही और दिल की बात बताऊं मार्क्स एक टेंपररी सेटिस्फिकेशन है लेकिन आपका स्किल आपको लाइफ टाइम बेनिफिट देगा क्योंकि यार टाइम के साथ उस मार्क्स की कीमत खत्म हो जाती है | पर आपकी स्किल और नॉलेज की कीमत बढ़ती है। इसलिए स्कूल और कॉलेज की लाइफ में पढ़ाई करो , पर इतनी भी नही की पूरी तरह उसी में डूब जाओ, बाकी एक्टिविटी और स्किल के लिए भी टाइम दो , नई-नई चीज़ों को ट्राई करो फेल हुऐ तो भी कोई बात नहीं पर ट्राई जरूर करो , क्योंकि ऐसे ही ट्राई में एरर करते-करते आपको अपना पैशन मिलेगा और यही पैशन आपको कैरियर और आपका लाइफ बना सकता है | और इसी मेथड से आप रेट रेस से बाहर निकल सकते हो | क्योंकि 90% ऐसे लोग हैं जिनको पता ही नही चलता की उनका पैशन क्या है, क्योंकि उन्होंने कुछ नया ट्राई ही नही किया | और नया ट्राई नही करोगे तो सिखोगो कैसे और जानोगे कैसे | इसलिए हमेशा कुछ नया ट्राई किया करो , लेकिन उन गलतियों से कुछ सीखो और उन गलतियों को कभी दोहराव मत और एक बात याद रखना स्कूल-कॉलेज सभी चीज़े नही सीखा सकता | इसलिए खुद से इनिशिएटिव रहो , खुद से सीखो

लेखक परिचय

हेलो दोस्तो,

मेरा नाम जागृत तिर्की है , मेरा जन्म झारखंड राज्य के पलामू जिला में एक छोटा सा शहर डाल्टनगंज में हुआ है | मैं एक ट्राइबल फैमिली से बिलांग करता हूं | मुझे बचपन से ही बहुत कुछ सीखने का मौका मिला है और इसी कड़ी में , मैं आप लोगों को इस पुस्तक "जीवन की सफलता" के माध्यम से बहुत कुछ बताना चाहता हूं तो आप लोग इस पुस्तक को पूरी तरह एक बार जरूर पढ़े |

आज मैं कई ऐसे लोगों की बात कर रहा हूं , जिनके जीवन से मुझे बड़ी इंस्पिरेशन मिली है केवल जिद्दी आदमी ही इतिहास रचता है , क्योंकि जिद्दी आदमी के पास एक महान लक्ष्य होता है और इतिहास रच देता है | हमारे देश के मुसलमान नाविक के एक गरीब बच्चे थे , शुरू से ही पढ़ाई में बहुत तेज़ थे , साइंटिस्ट बन गए डीआरडीओ छोड़ के इसरो में चले गए , नासा में जा सकते लेकिन देश की सेवा करना चाहते थे इसलिए इसरो में चले गए और एक के बाद , एक इतना मिसाइल बनाते चले गए | देश के सम्मान बढ़ाने के लिए , दुनिया को दिखा दिया कि भारत के पास भी साइंस की ताकत है और इनको "मिसाइल मैन" के नाम से जाना जाने लगा | पीएचडी करना चाहते थे , नही कर सके, लेकिन बाद में दुनिया भर कि सारी यूनिवर्सिटी ने पीएचडी कि डिग्री इनको honorary दे दिए , हमारे देश के राष्ट्रपति हुए और इनका नाम है Dr. A.P.J. Abdul Kalam.

आगे मैं सीखा हूं दुनिया के महान व्यक्ति रतन टाटा से , इन्होंने मेरे को इस प्रकार बदल दिया कि आगे बढ़ने में मैं और भी सक्षम हो गया | ऐसे देखें तो मेरा उम्र कुछ ज्यादा नहीं है , लेकिन जीवन में कुछ करने के लिए मेरे हिसाब से ज्यादा उम्र हो गया है | किसी भी समय मैं कुछ-कुछ सीखता था ताकि मुझे जीवन में आगे बढ़ने में काम आ सके | मैं रतन टाटा जी के जीवन से आज तक कुछ न कुछ सीखता हूं | वैसे तो लोहे को कोई नष्ट नहीं कर सकता , लेकिन उसके खुद की लगी जंग उसे नष्ट

कर देती हैं, ठीक वैसे ही इंसान की खुद की मानसिकता और सोच ही इंसान को नष्ट करने की लिए काफी है | जीवन में ऐसे कई चीजें हैं , जो अगर मुझे दोबारा जीने के मौका मिला तो शायद मैं अलग ढंग से करूंगा , लेकिन मैं पीछे मुड़कर ये नहीं देखना चाहूंगा कि मैं क्या नही कर पाया | मैंने जीवन में अब तक पैसे कमाने को सर्वश्रेष्ठ नहीं माना है | क्योंकि मैं जीवन में पैसों कि बदौलत सिर्फ अपनी आवश्यकता को पूरी कर सकता हूं | लोगों की जरूरत को नही | मैंने अपने जीवन में पैसे कमाना तो साल 2014 से ही शुरू कर चुका था, छोटे उम्र में पैसे कमाना खुद की मजबूरी नहीं बल्कि ये मेरा मानना था कि बचपन में मैं जितनी तरह का काम को करूंगा उतना ज्यादा मुझे आइडियाज मिलेगा और बहुत सारे गलतियों को सुधारने का मौका मिलेगा , जिससे कि ये गलतियों को मैं आगे जाके दुबारा न दोहरा सकू | " मेरे जीवन में दो चीजों का लक्ष्य कभी नहीं रहेगा पहला शासन करना या सत्ता और दूसरा धन यानी पैसों का लालच " | क्योंकि बचपन में मां से एक चीज बहुत अच्छी तरह से सीखा हूं , वो है दूसरो की सेवा करना , लोगों की सहायता और मदद करना | एक तरह से हम लोग देखे तो , 'हम लोग सिर्फ इस दुनिया में दूसरो के लिए ही पैदा हुए हैं ' |

" ये दुनिया जरूरत के हिसाब से चलती है, सर्दियों में जिस सूरज का इंतजार होता है, वही गर्मियों में उसी सूरज का तिरस्कार होता है | आपकी कीमत जब तक है, तब तक आपकी जरूरत है " | — रतन टाटा

"अगर हमें अपने सफलता के रास्ते पर निराशा हाथ लगती है इसका मतलब यह नहीं है कि हम कोशिश करना छोड़ दें क्योंकि हर निराशा और असफलता के पीछे ही सफलता छिपी होती है "। — डॉ. ए. पी. जे. अब्दुल कलाम